Todo Dia 2026

> O espírito consciente, criado através dos milênios nos domínios inferiores da natureza, chega à condição de humanidade depois de haver pago os tributos que a evolução lhe reclama.
>
> À vista disso, é natural compreendas que o livre-arbítrio estabelece determinada posição para cada alma, porquanto cada pessoa deve a si mesma a situação em que se coloca.
>
> *Emmanuel* (Chico Xavier) – Justiça divina – FEB

Editora EME

© 2025 Rodrigues de Camargo

Os direitos autorais desta obra foram cedidos pelo organizador para a Editora EME, o que propicia a venda dos livros com preços mais acessíveis e a manutenção de campanhas com preços especiais a Clubes do Livro de todo o Brasil.

A Editora EME mantém o Centro Espírita "Mensagem de Esperança" e patrocina, com outras empresas, instituições de atendimento social de Capivari-SP.

1ª edição – junho/2025 – 5.000 exemplares

REVISÃO | Izabel Braghero
CAPA, PROJETO GRÁFICO E DIAGRAMAÇÃO | André Stenico
ILUSTRAÇÕES INTERNAS | Criação de Danilo Perillo, modificadas com IA.
ISBN | Luxo ISBN - 978-85-7353-396-5
    Capa dura - 978-85-7353-404-7
    Bolso - 978-85-7353-501-3

> Se o pessimismo se acumula, termina por contaminar a atmosfera psíquica do planeta, pesando sobre as mentes que nos governam.
> *Chico Xavier*

Solicite nosso catálogo completo, com mais de 500 títulos, onde você encontra as melhores opções do bom livro espírita: literatura infantojuvenil, contos, obras biográficas e de autoajuda, mensagens espirituais, romances, estudos doutrinários, obras básicas de Allan Kardec, e mais os esclarecedores cursos e estudos para aplicação no centro espírita – iniciação, mediunidade, reuniões mediúnicas, oratória, desobsessão, fluidos e passes.

E caso não encontre os nossos livros na livraria de sua preferência, solicite o endereço de nosso distribuidor mais próximo de você.

Edição e distribuição

EDITORA EME
Avenida Brigadeiro Faria Lima, 1080 – Vila Fátima
CEP 13369-040 – Capivari-SP
Telefones: (19) 3491-7000 | 3491-5449
Vivo (19) 9 9983-2575 ⓢ | Claro (19) 9 9317-2800
vendas@editoraeme.com.br – www.editoraeme.com.br

f /editoraeme   @EditoraEme
@editoraeme   editoraemeoficial

> A beleza da vida reside no fato de que, no Universo de Deus, não existem privilegiados. A verdadeira grandeza se encontra nas pequenas coisas, nas sutilezas que muitas vezes escapam ao olhar apressado, e também nas lições que surgem nas horas de dor profunda. Não devemos acreditar que o Poder Superior nos castiga; pelo contrário, Ele nos ensina, com amor e paciência, a cada passo que damos.
>
> **Rodrigues de Camargo**

Todo Dia

2026

DADOS PESSOAIS

Nome: _____

Endereço residencial: _____

_____

Fone/Celular: _____

Endereço comercial: _____

Facebook/Instagram: _____

E-mail: _____

Cidade_____ Estado _____

CALENDÁRIO 2026

JANEIRO

D	S	T	Q	Q	S	S
				1	2	3
4	5	6	7	8	9	10
11	12	13	14	15	16	17
18	19	20	21	22	23	24
25	26	27	28	29	30	31

01 – Confraternização Universal

FEVEREIRO

D	S	T	Q	Q	S	S
1	2	3	4	5	6	7
8	9	10	11	12	13	14
15	16	17	18	19	20	21
22	23	24	25	26	27	28

17 – Carnaval

MARÇO

D	S	T	Q	Q	S	S
1	2	3	4	5	6	7
8	9	10	11	12	13	14
15	16	17	18	19	20	21
22	23	24	25	26	27	28
29	30	31				

08 – Dia Internacional da Mulher
20 – Início do outono

ABRIL

D	S	T	Q	Q	S	S
			1	2	3	4
5	6	7	8	9	10	11
12	13	14	15	16	17	18
19	20	21	22	23	24	25
26	27	28	29	30		

03 – Sexta-feira Santa
05 – Páscoa
21 – Tiradentes

MAIO

D	S	T	Q	Q	S	S
					1	2
3	4	5	6	7	8	9
10	11	12	13	14	15	16
17	18	19	20	21	22	23
24	25	26	27	28	29	30
31						

01 – Dia do Trabalho
10 – Dia das Mães

JUNHO

D	S	T	Q	Q	S	S
	1	2	3	4	5	6
7	8	9	10	11	12	13
14	15	16	17	18	19	20
21	22	23	24	25	26	27
28	29	30				

04 – Corpus Christi
12 – Dia dos Namorados
21 – Início do inverno

JULHO

D	S	T	Q	Q	S	S
			1	2	3	4
5	6	7	8	9	10	11
12	13	14	15	16	17	18
19	20	21	22	23	24	25
26	27	28	29	30	31	

AGOSTO

D	S	T	Q	Q	S	S
						1
2	3	4	5	6	7	8
9	10	11	12	13	14	15
16	17	18	19	20	21	22
23	24	25	26	27	28	29
30	31					

09 – Dia dos Pais

SETEMBRO

D	S	T	Q	Q	S	S
		1	2	3	4	5
6	7	8	9	10	11	12
13	14	15	16	17	18	19
20	21	22	23	24	25	26
27	28	29	30			

07 – Independência do Brasil
22 – Início da primavera

OUTUBRO

D	S	T	Q	Q	S	S
				1	2	3
4	5	6	7	8	9	10
11	12	13	14	15	16	17
18	19	20	21	22	23	24
25	26	27	28	29	30	31

12 – N. S. Aparecida / Dia das Crianças
15 – Dia do Professor

NOVEMBRO

D	S	T	Q	Q	S	S
1	2	3	4	5	6	7
8	9	10	11	12	13	14
15	16	17	18	19	20	21
22	23	24	25	26	27	28
29	30					

02 – Finados
15 – Proclamação da República
20 – Dia da Consciência Negra

DEZEMBRO

D	S	T	Q	Q	S	S
		1	2	3	4	5
6	7	8	9	10	11	12
13	14	15	16	17	18	19
20	21	22	23	24	25	26
27	28	29	30	31		

21 – Início do verão
25 – Natal

CALENDÁRIO 2025

JANEIRO
D	S	T	Q	Q	S	S
			1	2	3	4
5	6	7	8	9	10	11
12	13	14	15	16	17	18
19	20	21	22	23	24	25
26	27	28	29	30	31	

FEVEREIRO
D	S	T	Q	Q	S	S
						1
2	3	4	5	6	7	8
9	10	11	12	13	14	15
16	17	18	19	20	21	22
23	24	25	26	27	28	

MARÇO
D	S	T	Q	Q	S	S
						1
2	3	**4**	5	6	7	8
9	10	11	12	13	14	15
16	17	18	19	20	21	22
23	24	25	26	27	28	29
30	31					

ABRIL
D	S	T	Q	Q	S	S
		1	2	3	4	5
6	7	8	9	10	11	12
13	14	15	16	17	**18**	19
20	**21**	22	23	24	25	26
27	28	29	30			

MAIO
D	S	T	Q	Q	S	S
				1	2	3
4	5	6	7	8	9	10
11	12	13	14	15	16	17
18	19	20	21	22	23	24
25	26	27	28	29	30	31

JUNHO
D	S	T	Q	Q	S	S
1	2	3	4	5	6	7
8	9	10	11	12	13	14
15	16	17	18	**19**	20	21
22	23	24	25	26	27	28
29	30					

JULHO
D	S	T	Q	Q	S	S
		1	2	3	4	5
6	7	8	9	10	11	12
13	14	15	16	17	18	19
20	21	22	23	24	25	26
27	28	29	30	31		

AGOSTO
D	S	T	Q	Q	S	S
					1	2
3	4	5	6	7	8	9
10	11	12	13	14	15	16
17	18	19	20	21	22	23
24	25	26	27	28	29	30
31						

SETEMBRO
D	S	T	Q	Q	S	S
	1	2	3	4	5	6
7	8	9	10	11	12	13
14	15	16	17	18	19	20
21	22	23	24	25	26	27
28	29	30				

OUTUBRO
D	S	T	Q	Q	S	S
			1	2	3	4
5	6	7	8	9	10	11
12	13	14	15	16	17	18
19	20	21	22	23	24	25
26	27	28	29	30	31	

NOVEMBRO
D	S	T	Q	Q	S	S
						1
2	3	4	5	6	7	8
9	10	11	12	13	14	**15**
16	17	18	19	**20**	21	22
23	24	25	26	27	28	29
30						

DEZEMBRO
D	S	T	Q	Q	S	S
	1	2	3	4	5	6
7	8	9	10	11	12	13
14	15	16	17	18	19	20
21	22	23	24	**25**	26	27
28	29	30	31			

CALENDÁRIO 2027

JANEIRO
D	S	T	Q	Q	S	S
					1	2
3	4	5	6	7	8	9
10	11	12	13	14	15	16
17	18	19	20	21	22	23
24	25	26	27	28	29	30
31						

FEVEREIRO
D	S	T	Q	Q	S	S
	1	2	3	4	5	6
7	8	**9**	10	11	12	13
14	15	16	17	18	19	20
21	22	23	24	25	26	27
28						

MARÇO
D	S	T	Q	Q	S	S
	1	2	3	4	5	6
7	8	9	10	11	12	13
14	15	16	17	18	19	20
21	22	23	24	25	**26**	27
28	29	30	31			

ABRIL
D	S	T	Q	Q	S	S
				1	2	3
4	5	6	7	8	9	10
11	12	13	14	15	16	17
18	19	20	**21**	22	23	24
25	26	27	28	29	30	

MAIO
D	S	T	Q	Q	S	S
						1
2	3	4	5	6	7	8
9	10	11	12	13	14	15
16	17	18	19	20	21	22
23	24	25	26	**27**	28	29
30	31					

JUNHO
D	S	T	Q	Q	S	S
		1	2	3	4	5
6	7	8	9	10	11	12
13	14	15	16	17	18	19
20	21	22	23	24	25	26
27	28	29	30			

JULHO
D	S	T	Q	Q	S	S
				1	2	3
4	5	6	7	8	9	10
11	12	13	14	15	16	17
18	19	20	21	22	23	24
25	26	27	28	29	30	31

AGOSTO
D	S	T	Q	Q	S	S
1	2	3	4	5	6	7
8	9	10	11	12	13	14
15	16	17	18	19	20	21
22	23	24	25	26	27	28
29	30	31				

SETEMBRO
D	S	T	Q	Q	S	S
			1	2	3	4
5	6	**7**	8	9	10	11
12	13	14	15	16	17	18
19	20	21	22	23	24	25
26	27	28	29	30		

OUTUBRO
D	S	T	Q	Q	S	S
					1	2
3	4	5	6	7	8	9
10	11	**12**	13	14	15	16
17	18	19	20	21	22	23
24	25	26	27	28	29	30
31						

NOVEMBRO
D	S	T	Q	Q	S	S
	1	**2**	3	4	5	6
7	8	9	10	11	12	13
14	**15**	16	17	18	19	**20**
21	22	23	24	25	26	27
28	29	30				

DEZEMBRO
D	S	T	Q	Q	S	S
			1	2	3	4
5	6	7	8	9	10	11
12	13	14	15	16	17	18
19	20	21	22	23	24	**25**
26	27	28	29	30	31	

ORGANIZE-SE

Você abriu, *feche*.
Acendeu, *apague*.
Desarrumou, *arrume*.
Sujou, *limpe*.
Está usando algo, *trate-o com carinho*.
Quebrou, *conserte*.
Não sabe consertar, *chame quem o faça*.
Para usar o que não lhe pertence, *peça licença*.
Pediu emprestado, *devolva*.
Não sabe como funciona, *não mexa*.
É de graça, *não desperdice*.
Não sabe fazer melhor, *não critique*.
Não veio ajudar, *não atrapalhe*.
Prometeu, *cumpra*.
Ofendeu, *desculpe-se*.
Falou, *assuma*.

*Seguindo esses preceitos,
você viverá melhor.*

TELEFONES ÚTEIS

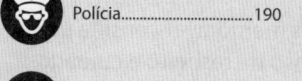

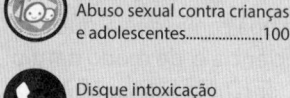

- Hora Certa..............................130
- Defesa Civil..........................199
- Denúncia Anônima..........181
- Delegacia Especializada de Atendimento à Mulher...180
- Resgate.................................153
- Polícia....................................190
- Polícia Rodoviária 191
- Centro de Valorização da Vida....................................188
- SAMU 192
- Corpo de Bombeiros..........................193
- Água e Esgoto....................195
- Energia Elétrica (FALTA)........ 0800 0101010
- Disque denúncia nacional Abuso sexual contra crianças e adolescentes....................100
- Disque intoxicação (ANVISA).........0800 7226001

SEU TEMPO...

Notas Espirituais

Não apresses a chuva, ela tem seu tempo de cair e saciar a sede da terra.

Não apresses o pôr do sol, ele tem seu tempo de anunciar o anoitecer até seu último raio de luz.

Não apresses tua alegria, ela tem seu tempo para aprender com a tua tristeza.

Não apresses teu silêncio, ele tem seu tempo de paz após o barulho cessar.

Não apresses teu amor, ele tem seu tempo de semear mesmo nos solos mais áridos do teu coração.

Não apresses tua raiva, ela tem seu tempo para diluir-se nas águas mansas da tua consciência.

Não apresses o outro, pois ele tem seu tempo para florescer aos olhos do Criador.

Não apresses a ti mesmo, pois precisas de tempo para sentir tua própria evolução.

SACCEC / Santos

OS CÃES SÃO BONS COMPANHEIROS NA INFÂNCIA

A infância é o tempo de maior criatividade na vida de um ser humano.

J. Piaget

Eu cresci cercada por cachorros. Tenho na memória o meu primeiro cão, a quem chamei Lulu, um amor de animal e muito divertido.

Por experiência, sei que passar a infância acompanhada por um cão ajuda a criança a ter menos chance de desenvolver ansiedade e a se tornar mais valente, resiliente – e mais forte também, do ponto de vista da imunidade.

Essa boa convivência, que cria laços memoráveis, ensina à criança paciência e, de modo natural, senso de respeito e cuidado.

Sim, o fato de alimentar o cão, brincar com ele, fazer carinho, por exemplo, estimula as crianças a serem responsáveis.

Autoestima depende, na infância, de um longo e atento trabalho... As crianças que têm cachorros, e justamente por eles serem animais afetivos, carinhosos, estão mais inclinadas a terem uma autoestima mais "resolvida" quando adultas.

Mais um benefício resultante da presença de um cão na casa de uma criança: Se ela, a criança, já é fonte de alegria para o ambiente familiar, imagine na companhia de um cachorro? Ainda, por contar com a presença cotidiana de um cachorro, a criança passa a ficar mais tempo reunida com a família na sala, na cozinha, na varanda, no jardim.

Brincar de bola, de casinha, de castelo, de esconde-esconde, tudo é mais divertido quando há a presença de um cão, um amigo muito leal para quem está a experimentar os primeiros anos da jornada na Terra.

E você? Permite que seus filhos convivam com os cães?

Eugênia Pickina – Revista O consolador – Junho/2024

Notas Espirituais

LEMBRANÇAS ÚTEIS

Não viva pedindo orientação espiritual, indefinidamente. Se você já possui duas semanas de conhecimento cristão, sabe, à saciedade, o que deve fazer.

Não gaste suas energias, tentando consertar os outros de qualquer modo. Quando consertamos a nós mesmos, reconhecemos que o mundo está administrado pela Sabedoria Divina e que a obrigação de cooperar invariavelmente para o bem é nosso dever primordial.

Não acuse os espíritos desencarnados sofredores, pelos seus fracassos na luta. Repare o ritmo da própria vida, examine a receita e a despesa, suas ações e reações, seus modos e atitudes, seus compromissos e determinações, e reconhecerá que você tem a situação que procura e colhe exatamente o que semeia.

Não recorra sistematicamente aos amigos espirituais, quanto a comezinhos deveres que lhe competem no caminho comum. Eles são igualmente ocupados, enfrentam problemas maiores que os seus, detêm responsabilidades mais graves e imediatas, e você, nas lutas vulgares da Terra, não teria coragem de pedir ao professor generoso e benevolente para desempenhar funções de ama-seca.

Não espere a morte para solucionar as questões da vida, nem alegue enfermidade ou velhice para desistir de aprender, porque estamos excessivamente distantes do Céu. A sepultura não é uma cigana, cheia de promessas miraculosas, e sim uma porta mais larga de acesso à nossa própria consciência.

André Luiz (Chico Xavier) – **Agenda cristã – FEB**

JANEIRO 2026

ANOTAÇÕES IMPORTANTES | viagens | cursos | reuniões | aniversários | provas | trabalhos | contas

1. _____
2. _____
3. _____
4. _____
5. _____
6. _____
7. _____
8. _____
9. _____
10. _____
11. _____
12. _____
13. _____
14. _____
15. _____
16. _____
17. _____
18. _____
19. _____
20. _____
21. _____
22. _____
23. _____
24. _____
25. _____
26. _____
27. _____
28. _____
29. _____
30. _____
31. _____

01
quinta
JANEIRO

- Confraternização Universal
- Dia Mundial da Paz

08h
09h
10h
11h
12h
13h
14h
15h

02
sexta
JANEIRO

08h
09h
10h
11h
12h
13h
14h
15h
16h
17h
18h
19h
20h

Se sofre conflitos domésticos, guarde a certeza de que você, notando isso, é a pessoa indicada pela Divina Providência para o sustento da paz em casa.
Emmanuel (Chico Xavier) – Busca e acharás – Ideal

Procurai no espiritismo aquilo que vos pode melhorar. Eis o essencial.
Allan Kardec
(Revista Espírita, fevereiro de 1862, artigo pág. 60)

03
sábado
JANEIRO

- 08h
- 09h
- 10h
- 11h
- 12h
- 13h
- 14h
- 15h
- 16h
- 17h
- 18h
- 19h
- 20h

04
domingo
JANEIRO

- 08h
- 09h
- 10h
- 11h
- 12h
- 13h
- 14h
- 15h

Q	S	S	D	S	T	Q	Q	S	S	D	S	T	Q	Q	S	S	D	S	T	Q	Q	S	S	D	S	T	Q	Q	S	S
01	02	03	**04**	05	06	07	08	09	10	**11**	12	13	14	15	16	17	**18**	19	20	21	22	23	24	**25**	26	27	28	29	30	31

anotações

05
segunda
JANEIRO

06h
07h
08h
09h
10h
11h
12h
13h
14h
15h
16h
17h
18h
19h
20h

> Todo aquele que é grato, que compreende o significado da gratidão real, goza de saúde física, emocional e psíquica, porque sente alegria de viver, compartilha de todas as coisas, é membro atuante na organização social, é criativo e jubiloso.
> **Joanna de Ângelis** (Divaldo P. Franco) – **Psicologia da gratidão**

06
terça
JANEIRO

• Dia da Gratidão

06h
07h
08h
09h
10h
11h
12h
13h
14h
15h
16h
17h
18h
19h
20h

Q	S	S	D	S	T	Q	Q	S	S	D	S	T	Q	Q	S	S	D	S	T	Q	Q	S	S	D	S	T	Q	Q	S	S
01	02	03	**04**	05	06	07	08	09	10	**11**	12	13	14	15	16	17	**18**	19	20	21	22	23	24	**25**	26	27	28	29	30	31

anotações

07
quarta
JANEIRO

- Dia da Liberdade de Cultos
- Dia do Leitor

06h
07h
08h
09h
10h
11h
12h
13h
14h
15h
16h
17h
18h
19h
20h

A morte não existe

Se você perdeu um ente querido, não se desespere: tenha certeza de que ele não morreu.
Apenas mudou de estado e, mais cedo ou mais tarde, você o irá novamente encontrar.
Não dê a ele, pois, a decepção de querer fugir da luta.
Não pretenda ser superior a Deus: aceite o que Deus determinou
em Sua Sabedoria, e será imensamente feliz.

Carlos Torres Pastorino

08
quinta
JANEIRO

	06h
	07h
	08h
	09h
	10h
	11h
	12h
	13h
	14h
	15h
	16h
	17h
	18h
	19h
	20h

Q S S D S T Q Q S S D S T Q Q S S D S T Q Q S S D S T Q Q S S
01 02 03 **04** 05 06 07 08 09 10 **11** 12 13 14 15 16 17 **18** 19 20 21 22 23 24 **25** 26 27 28 29 30 31

anotações

06h	
07h	**09**
08h	**sexta**
	JANEIRO
09h	
10h	• Dia do Astronauta
11h	
12h	
13h	
14h	
15h	
16h	
17h	
18h	
19h	
20h	

Todo Dia 26

A ninguém devais coisa alguma, a não ser o amor com que vos ameis uns aos outros; porque quem ama aos outros cumpriu a lei.
Paulo (Romanos 13:8)

Saber esperar é uma virtude! Aceitar, sem questionar, que cada coisa tem um tempo certo para acontecer... É ter fé!
À espera de um milagre (filme)

Amados, amemo-nos uns aos outros; porque o amor é de Deus; e qualquer que ama é nascido de Deus e conhece a Deus.
1 João 4:7

10
sábado
JANEIRO

- 08h
- 09h
- 10h
- 11h
- 12h
- 13h
- 14h
- 15h
- 16h
- 17h
- 18h
- 19h
- 20h

11
domingo
JANEIRO

- 08h
- 09h
- 10h
- 11h
- 12h
- 13h
- 14h
- 15h

Q	S	S	D	S	T	Q	Q	S	S	D	S	T	Q	Q	S	S	D	S	T	Q	Q	S	D	S	T	Q	Q	S	S
01	02	03	**04**	05	06	07	08	09	10	**11**	12	13	14	15	16	17	**18**	19	20	21	22	23	24	**25**	26	27	28	29	30	31

anotações

06h	
07h	
08h	**12**
	segunda
	JANEIRO
09h	
10h	
11h	
12h	
13h	
14h	
15h	
16h	
17h	
18h	
19h	
20h	

Todo Dia 26

Os espinhos que me feriram
foram produzidos pelo
arbusto que plantei.
Lord Byron

O mau inclina-se ao bem se
tuas mãos lhe descerram
os tesouros do auxílio.
Emmanuel **(Chico Xavier)**

O sofrimento é universal. A
causa do sofrimento são os
desejos egoístas. A cura do
sofrimento está em libertar-se
dos desejos. O modo de livrar-se
dos desejos é através de uma
perfeita disciplina mental.
Segundo *Buda*

13

terça
JANEIRO

06h
07h
08h
09h
10h
11h
12h
13h
14h
15h
16h
17h
18h
19h
20h

Q	S	S	D	S	T	Q	Q	S	S	D	S	T	Q	Q	S	S	D	S	T	Q	Q	S	S	D	S	T	Q	Q	S	S
01	02	03	**04**	05	06	07	08	09	10	**11**	12	13	14	15	16	17	**18**	19	20	21	22	23	24	**25**	26	27	28	29	30	31

anotações

14

quarta
JANEIRO

- Dia do Enfermo
- Dia do Treinador de Futebol

06h
07h
08h
09h
10h
11h
12h
13h
14h
15h
16h
17h
18h
19h
20h

Todo Dia 26

É parte da cura o desejo de ser curado.

Sêneca

No futuro, por esse mesmo motivo, a medicina da alma absorverá a medicina do corpo. Poderemos, na atualidade da Terra, fornecer tratamento ao organismo de carne. Semelhante tarefa dignifica a missão do consolo, da instrução e do alívio. Mas, no que concerne à cura real, somos forçados a reconhecer que esta pertence exclusivamente ao homem-espírito.

André Luiz/Aniceto **(Chico Xavier) – Os mensageiros – FEB**

15
quinta
JANEIRO

- Dia do Compositor
- Dia do Adulto

	06h
	07h
	08h
	09h
	10h
	11h
	12h
	13h
	14h
	15h
	16h
	17h
	18h
	19h
	20h

Q S S **D** S T Q Q S S **D** S T Q Q S S **D** S T Q Q S S **D** S T Q Q S S
01 02 03 **04** 05 06 07 08 09 10 **11** 12 13 14 15 16 17 **18** 19 20 21 22 23 24 **25** 26 27 28 29 30 31

anotações

16
sexta
JANEIRO

06h
07h
08h
09h
10h
11h
12h
13h
14h
15h
16h
17h
18h
19h
20h

Todo Dia 26

Não há cura para as nossas doenças da alma, quando nossa alma não se rende ao impositivo de recuperar a si mesma.
Bezerra de Menezes (Chico Xavier)
– Ideias e ilustrações – FEB

As penas chegam depressa
E vão-se devagarinho,
Pois somos sempre nós mesmos
Quem lhes prepara o caminho.
Sabino Batista (Chico Xavier)
– Ideias e ilustrações – FEB

17
sábado
JANEIRO

08h
09h
10h
11h
12h
13h
14h
15h
16h
17h
18h
19h
20h

18
domingo
JANEIRO

08h
09h
10h
11h
12h
13h
14h
15h

Q S S **D** S T Q Q S S **D** S T Q Q S S **D** S T Q Q S S **D** S T Q Q S S
01 02 03 **04** 05 06 07 08 09 10 **11** 12 13 14 15 16 17 **18** 19 20 21 22 23 24 **25** 26 27 28 29 30 31

anotações

06h	
07h	
08h	**19**
09h	**segunda**
	JANEIRO
10h	
11h	
12h	
13h	
14h	
15h	
16h	
17h	
18h	
19h	
20h	

Todo Dia 26

Há males de que não se deve buscar a cura, porque só eles nos protegem contra males mais graves.
Marcel Proust

Uma coletânea de pensamentos é uma farmácia moral onde podemos encontrar a cura dos mais diversos males.
Voltaire

20
terça
JANEIRO

- Dia do Farmacêutico

06h
07h
08h
09h
10h
11h
12h
13h
14h
15h
16h
17h
18h
19h
20h

Q	S	S	D	S	T	Q	Q	S	S	D	S	T	Q	Q	S	S	D	S	T	Q	Q	S	S	D	S	T	Q	Q	S	S
01	02	03	**04**	05	06	07	08	09	10	**11**	12	13	14	15	16	17	**18**	19	20	21	22	23	24	**25**	26	27	28	29	30	31

anotações

21
quarta
JANEIRO

- Dia Mundial da Religião e Nacional de Combate à Intolerância Religiosa

06h
07h
08h
09h
10h
11h
12h
13h
14h
15h
16h
17h
18h
19h
20h

Nunca quis mudar a religião de ninguém, porque, positivamente, não acredito que a religião **A** seja melhor que a religião **B**... Nas origens de toda religião cristã está o pensamento de Nosso Senhor Jesus Cristo. ...

Se Allan Kardec tivesse escrito que "fora do espiritismo não há salvação", eu teria ido por outro caminho. Graças a Deus ele escreveu "Fora da caridade", ou seja, fora do *Amor* não há salvação...
Chico Xavier

O maior problema do mundo atual é a intolerância. Todos são tão intolerantes uns com os outros.
***Diana*, Princesa de Gales**

22
quinta
JANEIRO

- 06h
- 07h
- 08h
- 09h
- 10h
- 11h
- 12h
- 13h
- 14h
- 15h
- 16h
- 17h
- 18h
- 19h
- 20h

Q	S	S	**D**	S	T	Q	Q	S	S	**D**	S	T	Q	Q	S	S	**D**	S	T	Q	Q	S	S	**D**	S	T	Q	Q	S	S
01	02	03	**04**	05	06	07	08	09	10	**11**	12	13	14	15	16	17	**18**	19	20	21	22	23	24	**25**	26	27	28	29	30	31

anotações

23
sexta
JANEIRO

- Dia Internacional da Medicina Integrativa

06h
07h
08h
09h
10h
11h
12h
13h
14h
15h
16h
17h
18h
19h
20h

Seja o leito de linho, de seda, palha ou pedra, a dor é sempre a mesma e a prece, em toda parte, é bênção, reconforto, amparo, luz e vida.

Lembremo-nos, no entanto de que lesões e chagas, frustrações e defeitos, em nossa forma externa, são remédios da alma que nós mesmos pedimos à farmácia de Deus.

Emmanuel (Chico Xavier)
– À luz da oração – Clarim

Colhe o dia presente e sê o menos confiante possível no futuro.

Horácio

24
sábado
JANEIRO

	08h
	09h
	10h
	11h
	12h
	13h
	14h
	15h
	16h
	17h
	18h
	19h
	20h

25
domingo
JANEIRO

- Aniversário da Cidade de São Paulo

	08h
	09h
	10h
	11h
	12h
	13h
	14h
	15h

Q	S	S	**D**	S	T	Q	Q	S	S	**D**	S	T	Q	Q	S	S	**D**	S	T	Q	Q	S	S	**D**	S	T	Q	Q	S	S
01	02	03	**04**	05	06	07	08	09	10	**11**	12	13	14	15	16	17	**18**	19	20	21	22	23	24	**25**	26	27	28	29	30	31

anotações

26

segunda

JANEIRO

06h	
07h	
08h	
09h	
10h	
11h	
12h	
13h	
14h	
15h	
16h	
17h	
18h	
19h	
20h	

São Paulo me dá uma sensação de liberdade que não sinto em nenhuma outra grande capital do mundo, seja Paris, Roma, Nova York ou Tóquio. Aqui o cosmopolitismo é total e cada pessoa acaba tendo seu espaço preservado.

Caetano Veloso

Qual é o lema da cidade de São Paulo?

O lema da cidade de São Paulo é *non ducor, duco*, que significa: não sou conduzido, conduzo. O símbolo foi adotado oficialmente em 1888, e simboliza a história de liderança e iniciativa da cidade, que evoluiu de uma pequena vila para uma das maiores metrópoles do mundo.

https://capital.sp.gov.br/w/noticia/

27

terça
JANEIRO

06h
07h
08h
09h
10h
11h
12h
13h
14h
15h
16h
17h
18h
19h
20h

Q	S	S	D	S	T	Q	Q	S	S	D	S	T	Q	Q	S	S	D	S	T	Q	Q	S	S	D	S	T	Q	Q	S	S
01	02	03	**04**	05	06	07	08	09	10	**11**	12	13	14	15	16	17	**18**	19	20	21	22	23	24	**25**	26	27	28	29	30	31

anotações

28
quarta
JANEIRO

- Dia Nacional de Combate ao Trabalho Escravo

06h	
07h	
08h	
09h	
10h	
11h	
12h	
13h	
14h	
15h	
16h	
17h	
18h	
19h	
20h	

Nesses mundos felizes, as relações entre povos, sempre amigáveis, nunca são perturbadas pela ambição de escravizar o vizinho, nem pela guerra, que é sua consequência. Não há nem senhores, nem escravos, nem privilegiados pelo nascimento. Só a superioridade moral e intelectual estabelece a diferença das condições e dá a supremacia. A autoridade sempre é respeitada, porque só é conseguida pelo mérito, e se exerce sempre com justiça. O homem não procura elevar-se acima do homem, mas acima de si mesmo, aperfeiçoando-se.

Allan Kardec – ESE – cap. III – EME

29
quinta
JANEIRO

06h
07h
08h
09h
10h
11h
12h
13h
14h
15h
16h
17h
18h
19h
20h

Q	S	S	D	S	T	Q	Q	S	S	D	S	T	Q	Q	S	S	D	S	T	Q	Q	S	S	D	S	T	Q	Q	S	S
01	02	03	**04**	05	06	07	08	09	10	**11**	12	13	14	15	16	17	**18**	19	20	21	22	23	24	**25**	26	27	28	29	30	31

anotações

06h	
07h	**30**
08h	**sexta**
	JANEIRO
09h	
10h	• Dia Mundial da Não Violência e da Cultura de Paz
11h	
12h	
13h	
14h	
15h	
16h	
17h	
18h	
19h	
20h	

Martin Luther King Jr. teve um sonho de paz entre negros e brancos. Pelo seu sonho, deu a vida.

Mahatma Gandhi teve um sonho de não violência. Deu a vida por seu sonho.

Se você tem capacidade de sonhar o bem, persista na ideia e a concretize.

Podem ser necessários anos para que se concretize um sonho, mas, o que são alguns anos, diante da eternidade que aguarda o espírito imortal? Então, escolha você mesmo o que você quer ser. E depois, acredite firme nisso...

José Lázaro Boberg **(Peça e receba – O Universo conspira a seu favor) – EME**

31
sábado
JANEIRO

- 06h
- 07h
- 08h
- 09h
- 10h
- 11h
- 12h
- 13h
- 14h
- 15h
- 16h
- 17h
- 18h
- 19h
- 20h

Q	S	S	D	S	T	Q	Q	S	S	D	S	T	Q	Q	S	S	D	S	T	Q	Q	S	S	D	S	T	Q	Q	S	S
01	02	03	**04**	05	06	07	08	09	10	**11**	12	13	14	15	16	17	**18**	19	20	21	22	23	24	**25**	26	27	28	29	30	31

anotações

A FORÇA DO PENSAMENTO

A fé é força que nasce na própria alma, um esforço contínuo do próprio espírito em evolução para que sua presença, cada vez mais intensa, se desenvolva e fortaleça a existência. Ela (a fé) consiste em antever, com atitude mental firme, realização daquilo que se deseja. Portanto, podemos dizer que, quem cultiva o pensamento positivo – sem desviar o foco – está, por analogia, exercitando a fé. Quem age com otimismo, acreditando que as coisas vão acontecer conforme pensa está demonstrando que tem fé. Repetindo Meimei[1], "de todos os infelizes, os mais desditosos são os que perderam a confiança em Deus e em si mesmos, porque o maior infortúnio é sofrer a privação da fé e continuar vivendo".

O pensamento é a nossa capacidade criativa em ação. Em qualquer tempo, é muito importante não nos esquecermos disso. A ideia forma a condição; a condição produz o efeito; o efeito cria o destino.

A sua vida será sempre o que você esteja mentalizando constantemente...

As leis do destino carrearão de volta a você tudo aquilo que você pense. Nesta verdade, encontramos tudo o que se relacione conosco, tanto no que se refere ao bem, quanto ao mal.

Observe e verificará que você mesmo atraiu para o seu campo de influência tudo o que você possui e tudo aquilo que faz parte do seu dia a dia.

José Lázaro Boberg **(Peça e receba – O Universo conspira a seu favor) – EME.**

---

1 **Confia sempre.** *Meimei* (Chico Xavier)

FEVEREIRO 2026

ANOTAÇÕES IMPORTANTES | viagens | cursos | reuniões | aniversários | provas | trabalhos | contas

1 ___
2 ___
3 ___
4 ___
5 ___
6 ___
7 ___
8 ___
9 ___
10 ___
11 ___
12 ___
13 ___
14 ___
15 ___
16 ___
17 ___
18 ___
19 ___
20 ___
21 ___
22 ___
23 ___
24 ___
25 ___
26 ___
27 ___
28 ___

01 domingo
FEVEREIRO

- 08h
- 09h
- 10h
- 11h
- 12h
- 13h
- 14h
- 15h

02 segunda
FEVEREIRO

- 08h
- 09h
- 10h
- 11h
- 12h
- 13h
- 14h
- 15h
- 16h
- 17h
- 18h
- 19h
- 20h

Cultivar uma flor, zelar por uma fonte de água cristalina, não poluir, estampar um sorriso na face, proferir palavras de esperança – tudo isto pode parecer insignificante, mas não é!...

Chico Xavier

Não existe castigo nas Leis Divinas. As nossas atitudes boas ou más acarretam consequências.

Ninguém adquire passaporte para a felicidade por ser filiado a qualquer crença.

José Lázaro Boberg
– Código penal dos espíritos – Editora EME

03
terça
FEVEREIRO

06h
07h
08h
09h
10h
11h
12h
13h
14h
15h
16h
17h
18h
19h
20h

D	S	T	Q	Q	S	S	D	S	T	Q	Q	S	S	D	S	T	Q	Q	S	S	D	S	T	Q	Q	S	S
01	02	03	04	05	06	07	**08**	09	10	11	12	13	14	**15**	16	**17**	18	19	20	21	**22**	23	24	25	26	27	28

anotações

04
quarta
FEVEREIRO

- Dia Internacional da Fraternidade Humana

06h
07h
08h
09h
10h
11h
12h
13h
14h
15h
16h
17h
18h
19h
20h

(...) As portas do Céu permanecem abertas. Nunca foram cerradas. Todavia, para que o homem se eleve até lá, precisa asas de amor e sabedoria. Para isto, concede o Supremo Senhor extensa cópia do material de misericórdia a todas as criaturas, conferindo, entretanto, a cada um o dever de talhá-las.

Semelhante tarefa, porém, demanda enorme esforço. A fim de concluí-la recruta-se a contribuição dos dias e das existências.

Emmanuel **(Chico Xavier) – Pão Nosso – FEB**

05
quinta
FEVEREIRO

06h
07h
08h
09h
10h
11h
12h
13h
14h
15h
16h
17h
18h
19h
20h

D	S	T	Q	Q	S	S	D	S	T	Q	Q	S	S	D	S	T	Q	Q	S	S	D	S	T	Q	Q	S	S
01	02	03	04	05	06	07	**08**	09	10	11	12	13	14	**15**	16	**17**	18	19	20	21	**22**	23	24	25	26	27	28

06
sexta
FEVEREIRO

- Dia Internacional da Tolerância Zero à Mutilação Genital Feminina

06h
07h
08h
09h
10h
11h
12h
13h
14h
15h
16h
17h
18h
19h
20h

ATÉ O FIM

Mas aquele que perseverar até o fim será salvo.
Jesus (Mateus, 24:13)

Aqui não vemos Jesus referir-se a um fim que simbolize término e, sim, à finalidade, ao alvo, ao objetivo. O Evangelho será pregado aos povos para que as criaturas compreendam e alcancem os fins superiores da vida.

Eis por que apenas conseguem quebrar o casulo da condição de animalidade aqueles espíritos encarnados que sabem perseverar.

Quando o Mestre louvou a persistência, evidenciava a tarefa árdua dos que procuram as excelências do caminho espiritual.(...)
Emmanuel (Chico Xavier) – Pão Nosso – FEB

07
sábado
FEVEREIRO

- Dia Nacional de Luta dos Povos Indígenas

08h
09h
10h
11h
12h
13h
14h
15h
16h
17h
18h
19h
20h

08
domingo
FEVEREIRO

08h
09h
10h
11h
12h
13h
14h
15h

D	S	T	Q	Q	S	S	D	S	T	Q	Q	S	S	D	S	T	Q	Q	S	S	D	S	T	Q	Q	S	S
01	02	03	04	05	06	07	**08**	09	10	11	12	13	14	**15**	16	**17**	18	19	20	21	**22**	23	24	25	26	27	28

anotações

06h	
07h	
08h	**09**
09h	**segunda**
10h	FEVEREIRO
11h	

06h
07h
08h
09h
10h
11h
12h
13h
14h
15h
16h
17h
18h
19h
20h

09
segunda
FEVEREIRO

Todo Dia 26

O pensamento é a nossa capacidade criativa em ação. Em qualquer tempo, é muito importante não nos esquecermos disso. A ideia forma a condição; a condição produz o efeito; o efeito cria o destino.
André Luiz **(Chico Xavier)**
– Pensar – Respostas da vida – Ideal

Mentira em vários extremos, / Do homem rico ao mais pobre, No mundo é sempre o que vemos / Nas juras que a Terra cobre.
Clovis Amorim **(Chico Xavier)**

A fé na nossa capacidade de mudar antecede a mudança em si mesma.
João P. Lacerda

10
terça
FEVEREIRO

06h
07h
08h
09h
10h
11h
12h
13h
14h
15h
16h
17h
18h
19h
20h

D	S	T	Q	Q	S	S	D	S	T	Q	Q	S	S	D	S	T	Q	Q	S	S	D	S	T	Q	Q	S	S
01	02	03	04	05	06	07	**08**	09	10	11	12	13	14	**15**	16	**17**	18	19	20	21	**22**	23	24	25	26	27	28

anotações

06h	
07h	
08h	
09h	
10h	
11h	
12h	
13h	
14h	
15h	
16h	
17h	
18h	
19h	
20h	

11 quarta
FEVEREIRO

- Dia Internacional das Mulheres e Meninas na Ciência

É digno de lástima todo aquele que se utiliza da oportunidade para dilatar a corrente do mal, consciente ou inconscientemente. É por este motivo que Jesus, compreendendo a carência de homens e mulheres isentos de culpa, lançou este expressivo programa de amor, a benefício de cada discípulo do Evangelho: – "E, quando estiverdes orando, perdoai."

Emmanuel (Chico Xavier) – Pão Nosso – FEB

Ciência é o amor que investiga. Filosofia é o amor que pensa. Religião é o amor que busca a Deus.

Chico Xavier

12
quinta
FEVEREIRO

- Dia de Darwin (Autor da Teoria da Evolução das Espécies)

	06h
	07h
	08h
	09h
	10h
	11h
	12h
	13h
	14h
	15h
	16h
	17h
	18h
	19h
	20h

D	S	T	Q	Q	S	S	D	S	T	Q	Q	S	S	D	S	T	Q	Q	S	S	D	S	T	Q	Q	S	S
01	02	03	04	05	06	07	**08**	09	10	11	12	13	14	**15**	16	**17**	18	19	20	21	**22**	23	24	25	26	27	28

anotações

13 sexta
FEVEREIRO

- Dia Mundial do Rádio

06h
07h
08h
09h
10h
11h
12h
13h
14h
15h
16h
17h
18h
19h
20h

Não há diferenças fundamentais entre o homem e os animais nas suas faculdades mentais... os animais, como os homens, demonstram sentir prazer, dor, felicidade e sofrimento.
Charles Darwin

Amigo de verdade é aquele que diz o que você precisa ouvir, não o que quer ouvir. Ele arrisca a amizade pelo seu bem!
Carlos Hilsdorf

A Universidade ilustra o cérebro. O Evangelho de Jesus aperfeiçoa o coração.
***Emmanuel* (Chico Xavier)**

14
sábado
FEVEREIRO

- Dia Internacional da Doação de Livros

08h
09h
10h
11h
12h
13h
14h
15h
16h
17h
18h
19h
20h

15
domingo
FEVEREIRO

08h
09h
10h
11h
12h
13h
14h
15h

D	S	T	Q	Q	S	S	D	S	T	Q	Q	S	S	D	S	T	Q	Q	S	S	D	S	T	Q	Q	S	S
01	02	03	04	05	06	07	**08**	09	10	11	12	13	14	**15**	16	**17**	18	19	20	21	**22**	23	24	25	26	27	28

anotações

08h	
09h	
10h	
11h	
12h	
13h	
14h	
15h	
16h	
17h	
18h	
19h	
20h	

16
segunda
FEVEREIRO

08h	
09h	
10h	
11h	
12h	
13h	
14h	
15h	

17
terça
FEVEREIRO

• Carnaval

Allan Kardec, embora não tenha escrito diretamente sobre o carnaval, esclarece que nossos pensamentos e palavras sintonizam-nos com espíritos elevados ou imperfeitos, dependendo do ambiente e da vibração que cultivamos. Assim, ao nos envolvermos com certas influências, podemos nos afastar do equilíbrio emocional e espiritual que deveria ser nossa meta.
Rodrigues de Camargo

Afastar-se de festas lamentáveis, como aquelas que assinalam a passagem do carnaval, inclusive as que se destaquem pelos excessos de gula, desregramento ou manifestações exteriores espetaculares.

A verdadeira alegria não foge da temperança.
***André Luiz* (Waldo Vieira) – Conduta espírita – FEB**

18
quarta
FEVEREIRO

06h
07h
08h
09h
10h
11h
12h
13h
14h
15h
16h
17h
18h
19h
20h

D	S	T	Q	Q	S	S	D	S	T	Q	Q	S	S	D	S	T	Q	Q	S	S	D	S	T	Q	Q	S	S
01	02	03	04	05	06	07	**08**	09	10	11	12	13	14	**15**	16	**17**	18	19	20	21	**22**	23	24	25	26	27	28

anotações

19
quinta
FEVEREIRO

• Dia do Esportista

06h
07h
08h
09h
10h
11h
12h
13h
14h
15h
16h
17h
18h
19h
20h

O homem é assim o árbitro constante de sua própria sorte. Ele pode aliviar o seu suplício ou prolongá-lo indefinidamente. Sua felicidade ou sua desgraça dependem da sua vontade de fazer o bem.
Allan Kardec

O corpo é o primeiro empréstimo recebido pelo espírito trazido à carne.

Precatar-se contra tóxicos, narcóticos, alcoólicos, e contra o uso demasiado de drogas que viciem a composição fisiológica natural do organismo.

Existem venenos que agem gota a gota.
***André Luiz* (Waldo Vieira) – Conduta espírita – FEB**

20
sexta
FEVEREIRO

- Dia Nacional de Combate às Drogas e ao Alcoolismo e Dia Mundial da Justiça Social

06h
07h
08h
09h
10h
11h
12h
13h
14h
15h
16h
17h
18h
19h
20h

D	S	T	Q	Q	S	S	D	S	T	Q	Q	S	S	D	S	T	Q	Q	S	S	D	S	T	Q	Q	S	S
01	02	03	04	05	06	07	**08**	09	10	11	12	13	14	**15**	16	**17**	18	19	20	21	**22**	23	24	25	26	27	28

anotações

08h	
09h	**21**
10h	**sábado**
	FEVEREIRO
11h	
12h	
13h	
14h	
15h	
16h	
17h	
18h	
19h	
20h	

08h	
09h	**22**
10h	**domingo**
	FEVEREIRO
11h	
	• Dia Internacional do Maçom
12h	
13h	
14h	
15h	

Perante o passe

É falta de caridade abusar da bondade alheia. Proibir ruídos quaisquer, baforadas de fumo, vapores alcoólicos, tanto quanto ajuntamento de gente ou a presença de pessoas irreverentes e sarcásticas nos recintos para assistência e tratamento espiritual. De ambiente poluído, nada de bom se pode esperar.

***André Luiz* (Waldo Vieira) – Conduta espírita – FEB**

A doença compulsiva e a obsessão limitam a capacidade da pessoa de discernir entre o certo e o errado, e a família ou amigos devem tomar uma atitude em benefício da saúde e da vida do dependente químico.

Rodrigues de Camargo

23
segunda
FEVEREIRO

- Dia Nacional do Rotary

06h
07h
08h
09h
10h
11h
12h
13h
14h
15h
16h
17h
18h
19h
20h

D	S	T	Q	Q	S	S	**D**	S	T	Q	Q	S	S	**D**	S	**T**	Q	Q	S	S	**D**	S	T	Q	Q	S	S
01	02	03	04	05	06	07	**08**	09	10	11	12	13	14	**15**	16	**17**	18	19	20	21	**22**	23	24	25	26	27	28

anotações

24

terça
FEVEREIRO

06h
07h
08h
09h
10h
11h
12h
13h
14h
15h
16h
17h
18h
19h
20h

Se inicialmente o uso de drogas é um comportamento voluntário, o uso prolongado dispara no cérebro um dispositivo mental que parece "ligar-se". Quando é "ligado", o indivíduo entra em estado de dependência química, caracterizada pela busca e consumo compulsivo e obsessivo da droga.
Rodrigues de Camargo

Se não puder se destacar pelo talento, vença pelo esforço.
Dave Weinbaum

Você quer ser feliz por um instante? Vingue-se. Você quer ser feliz para sempre? Perdoe.
Tertuliano

25
quarta
FEVEREIRO

06h
07h
08h
09h
10h
11h
12h
13h
14h
15h
16h
17h
18h
19h
20h

D	S	T	Q	Q	S	S	D	S	T	Q	Q	S	S	D	S	T	Q	Q	S	S	D	S	T	Q	Q	S	S
01	02	03	04	05	06	07	**08**	09	10	11	12	13	14	**15**	16	**17**	18	19	20	21	**22**	23	24	25	26	27	28

anotações

26

quinta

FEVEREIRO

| 06h |
| 07h |
| 08h |
| 09h |
| 10h |
| 11h |
| 12h |
| 13h |
| 14h |
| 15h |
| 16h |
| 17h |
| 18h |
| 19h |
| 20h |

O livro didático reúne informações confiáveis, de cunho científico, e serve de consulta para os alunos e familiares que se envolvem nos processos educacionais. Outra vantagem é que os livros didáticos são elaborados em linguagem e formato adequados à faixa etária que contemplam, facilitando a compreensão.

https://www.intersaberes.com/blog/a-importancia-do-livro-didatico

Conhecemos os metais pelo som que produzem e os homens por aquilo que falam!

Thomas Broohs

27
sexta
FEVEREIRO

- Dia do Livro Didático

| 06h |
| 07h |
| 08h |
| 09h |
| 10h |
| 11h |
| 12h |
| 13h |
| 14h |
| 15h |
| 16h |
| 17h |
| 18h |
| 19h |
| 20h |

D S T Q Q S S D S T Q Q S S D S T Q Q S S D S T Q Q S S
01 02 03 04 05 06 07 **08** 09 10 11 12 13 14 **15** 16 **17** 18 19 20 21 **22** 23 24 25 26 27 28

anotações

28

sábado

FEVEREIRO

• Dia da Ressaca

06h
07h
08h
09h
10h
11h
12h
13h
14h
15h
16h
17h
18h
19h
20h

E, dos aperitivos, passei à bebedeira inveterada... Alfaiate bem pago, a breve trecho comecei a deteriorar-me em serviço... Erros, faltas, pileques, ressacas... Terminadas as tarefas cotidianas, trocava o lar pelo bar... E sempre o quadro lastimável, noite a noite...

***Irmão X* (Chico Xavier) – Estante da vida – FEB**

Protege o teu coração com toda a cautela porque dele brotam as fontes da vida.

Provérbio

Pessimista: alguém que se queixa do barulho quando a sorte lhe bate à porta.

Farmer's Digest

CARNAVAL E ESCOLHAS CONSCIENTES

Há festas e festas – e a alegria genuína jamais deve ser reprimida. Um show entre amigos, um baile em família, o riso solto em meio aos que amamos... Essas são celebrações que elevam o espírito, aquecem a alma e espalham felicidade sem excessos.

Entretanto, há eventos onde a licenciosidade, o abuso do álcool e outras substâncias distorcem a essência da festa, tornando o ambiente carregado e denso. Em algumas cidades, durante o carnaval, percebe-se um clima de euforia desregrada, onde a luxúria, o abuso da sensualidade das mulheres, inclusive adolescentes, as energias se tornam indelicadas e a prudência deve ser nossa melhor aliada.

Sensações, pensamentos e sentimentos não são meras abstrações; eles nos envolvem, nos influenciam e criam conexões com o meio à nossa volta. Quem pode afirmar, com plena certeza, que não será afetado pelo turbilhão vibratório ao seu redor?

O convite, portanto, não é à renúncia da alegria, mas à sabedoria na escolha do que se vive e de onde se está. Que saibamos cultivar a leveza das festas que edificam e a prudência de evitar ambientes que nos afastam do equilíbrio e da paz interior.

Rodrigues de Camargo

Notas Espirituais

DEUS E NÓS

Somente Deus é a Vida em si.
Entretanto, você pode auxiliar alguém a encontrar o contentamento de viver.

*

Somente Deus sabe toda a Verdade.
Mas você pode iluminar de compreensão a parte da verdade em seu conhecimento.

*

Somente Deus consegue doar todo o Amor.
Você, porém, é capaz de cultivar o Amor na alma dessa ou daquela criatura, com alguma parcela de bondade.

*

Somente Deus é o Criador da verdadeira Paz.
No entanto, você dispõe de recursos para ceder um tanto em seus pontos de vista para que a harmonia seja feita.

*

Somente Deus pode formar a Alegria Perfeita.
Mas você pode ser o sorriso da esperança e da coragem, do entendimento e do perdão.

*

Somente Deus realiza o impossível.
Entretanto, diante do trabalho para a construção do Bem aos outros não se esqueça de que Deus lhe entregou o possível para você fazer.

André Luiz **(Chico Xavier) – Meditações diárias – IDE**

MARÇO 2026

ANOTAÇÕES IMPORTANTES | viagens | cursos | reuniões | aniversários | provas | trabalhos | contas

1 ___
2 ___
3 ___
4 ___
5 ___
6 ___
7 ___
8 ___
9 ___
10 ___
11 ___
12 ___
13 ___
14 ___
15 ___
16 ___
17 ___
18 ___
19 ___
20 ___
21 ___
22 ___
23 ___
24 ___
25 ___
26 ___
27 ___
28 ___
29 ___
30 ___
31 ___

01 domingo
MARÇO

- Dia Mundial de Zero Discriminação

08h
09h
10h
11h
12h
13h
14h
15h

02 segunda
MARÇO

08h
09h
10h
11h
12h
13h
14h
15h
16h
17h
18h
19h
20h

Perseverar com o bem até o fim da luta. Situar a reforma de si mesmo em Jesus Cristo, acima de todas as exigências da vida terrestre.
**Emmanuel (Chico Xavier)
– Espíritos diversos – Nosso livro – LAKE**

Quando a casa do vizinho está pegando fogo, a minha casa está em perigo.
Horácio

É dentro do coração do homem que o espetáculo da natureza existe; para vê-lo, é preciso senti-lo.
Jean-Jacques Rousseau

03
terça
MARÇO

06h
07h
08h
09h
10h
11h
12h
13h
14h
15h
16h
17h
18h
19h
20h

D S T Q Q S S **D** S T Q Q S S **D** S T Q Q S S **D** S T Q Q S S **D** S T
01 02 03 04 05 06 07 **08** 09 10 11 12 13 14 **15** 16 17 18 19 20 21 **22** 23 24 25 26 27 28 **29** 30 31

Horário	
06h	
07h	
08h	

04
quarta
MARÇO

- Dia Mundial da Obesidade

Em nosso estudo, porém, analisamos a dor-expiação, que vem de dentro para fora, marcando a criatura no caminho dos séculos, detendo-a em complicados labirintos de aflição, para regenerá-la, perante a Justiça...
André Luiz (Chico Xavier) – Ação e reação – FEB

A obesidade é uma condição médica causada pelo acúmulo de gordura localizada em diferentes partes do corpo humano. Existem diferentes causas para a obesidade, sendo que a principal delas é o consumo exagerado de calorias proveniente de alimentos.
https://www.rededorsaoluiz.com.br/

05
quinta
MARÇO

- Dia Nacional da Música Clássica

06h
07h
08h
09h
10h
11h
12h
13h
14h
15h
16h
17h
18h
19h
20h

D	S	T	Q	Q	S	S	D	S	T	Q	Q	S	S	D	S	T	Q	Q	S	S	D	S	T	Q	Q	S	S	D	S	T
01	02	03	04	05	06	07	**08**	09	10	11	12	13	14	**15**	16	17	18	19	20	21	**22**	23	24	25	26	27	28	**29**	30	31

06

sexta
MARÇO

06h
07h
08h
09h
10h
11h
12h
13h
14h
15h
16h
17h
18h
19h
20h

A mulher não precisa masculinizar-se. Precisa educar-se, dentro da sua feminilidade. O problema do feminismo não é o da exclusão da dependência da mulher, deve ser o da compreensão dos seus grandes deveres.

Dentro da natureza, as linhas determinadas pelos desígnios insondáveis de Deus não se mudam sob a influência do limitado arbítrio humano; e a mulher não pode transformar o complexo estrutural do seu organismo.

Chico Xavier,
em entrevista a O Globo

Toda mulher leva um sorriso no rosto e mil segredos no coração.

Clarice Lispector

07
sábado
MARÇO

- 08h
- 09h
- 10h
- 11h
- 12h
- 13h
- 14h
- 15h
- 16h
- 17h
- 18h
- 19h
- 20h

08
domingo
MARÇO

• Dia Internacional da Mulher

- 08h
- 09h
- 10h
- 11h
- 12h
- 13h
- 14h
- 15h

D	S	T	Q	Q	S	S	**D**	S	T	Q	Q	S	S	**D**	S	T	Q	Q	S	S	**D**	S	T	Q	Q	S	S	**D**	S	T
01	02	03	04	05	06	07	**08**	09	10	11	12	13	14	**15**	16	17	18	19	20	21	**22**	23	24	25	26	27	28	**29**	30	31

anotações

09
segunda
MARÇO

06h	
07h	
08h	
09h	
10h	
11h	
12h	
13h	
14h	
15h	
16h	
17h	
18h	
19h	
20h	

Quem não sabe aceitar as pequenas falhas das mulheres não aproveitará suas grandes virtudes.
Khalil Gibran

E, no mundo, toda gente permanece disposta a querer isso ou aquilo, mas raríssimas criaturas se prontificam a servir e a educar-se.
Emmanuel **(Chico Xavier) – Caminho, verdade e vida – FEB**

Deus criou seres e céus, mas nós costumamos transformar-nos em espíritos diabólicos, criando nossos infernos individuais.
Narcisa/André Luiz **(Chico Xavier) – Nosso Lar – FEB**

10
terça
MARÇO

- 06h
- 07h
- 08h
- 09h
- 10h
- 11h
- 12h
- 13h
- 14h
- 15h
- 16h
- 17h
- 18h
- 19h
- 20h

D S T Q Q S S **D** S T Q Q S S **D** S T Q Q S S **D** S T Q Q S S **D** S T
01 02 03 04 05 06 07 **08** 09 10 11 12 13 14 **15** 16 17 18 19 20 21 **22** 23 24 25 26 27 28 **29** 30 31

anotações

06h	
07h	
08h	**11**
09h	**quarta**
	MARÇO
10h	
11h	
12h	
13h	
14h	
15h	
16h	
17h	
18h	
19h	
20h	

ESPERA E CONFIA

Eis a dupla singular: – escora que nos descansa.
Servir sem desanimar, nunca perder a esperança.
Se sofres, serve e confia, não te queixes, nem te irrites. Espera.
A bênção de Deus é proteção sem limites.
Meimei (Chico Xavier) – Cura – GEEM

Para ser feliz, tenho que cultivar um coração puro, uma fé inabalável, e estar nas mãos do criador de todas as coisas, e deixar à direção d'Ele meu caminho.
Águida Hettwer

12
quinta
MARÇO

- 06h
- 07h
- 08h
- 09h
- 10h
- 11h
- 12h
- 13h
- 14h
- 15h
- 16h
- 17h
- 18h
- 19h
- 20h

D	S	T	Q	Q	S	S	D	S	T	Q	Q	S	S	D	S	T	Q	Q	S	S	D	S	T	Q	Q	S	S	D	S	T
01	02	03	04	05	06	07	**08**	09	10	11	12	13	14	**15**	16	17	18	19	20	21	**22**	23	24	25	26	27	28	**29**	30	31

anotações

06h	
07h	
08h	**13**
	sexta
09h	MARÇO
10h	• Dia do Conservacionismo
11h	
12h	
13h	
14h	
15h	
16h	
17h	
18h	
19h	
20h	

Conservacionismo é um movimento político, ambiental e social que tem como objetivo a proteção dos recursos naturais do planeta, incluindo espécies animais e vegetais, assim como os seus *habitats* para o futuro. É confundido com o preservacionismo, que é a ideia de preservar quando há risco.

Para os conservacionistas, não pode haver nenhum tipo de degradação, tudo interfere na preservação e cabe à população ter bom-senso e entender que os interesses ambientais devem condizer com interesses sociais.

https://www.aga.uema.br/

14
sábado
MARÇO

- Dia Nacional dos Animais
- Dia Mundial do Rim

08h
09h
10h
11h
12h
13h
14h
15h
16h
17h
18h
19h
20h

15
domingo
MARÇO

- Dia da Escola
- Dia Mundial do Consumidor

08h
09h
10h
11h
12h
13h
14h
15h

D	S	T	Q	Q	S	S	**D**	S	T	Q	Q	S	S	**D**	S	T	Q	Q	S	S	**D**	S	T	Q	Q	S	S	**D**	S	T
01	02	03	04	05	06	07	**08**	09	10	11	12	13	14	**15**	16	17	18	19	20	21	**22**	23	24	25	26	27	28	**29**	30	31

anotações

Horário	
06h	
07h	
08h	

16
segunda
MARÇO

- Dia Nacional de Conscientização sobre as Mudanças Climáticas

Horário	
09h	
10h	
11h	
12h	
13h	
14h	
15h	
16h	
17h	
18h	
19h	
20h	

O Dia de Conscientização das Mudanças Climáticas é um marco legal que nos chama a repensar nossa relação com o meio ambiente, diante de extremos como ondas de calor e temporais intensos no Brasil.

Essa data estimula debates, mobilizações e educação ambiental, incentivando ações como o apoio a energias renováveis e a reciclagem para mitigar os impactos climáticos.

Rodrigues de Camargo

A perda nos ensina sobre o valor das coisas.

Arthur Schopenhauer

17
terça
MARÇO

06h
07h
08h
09h
10h
11h
12h
13h
14h
15h
16h
17h
18h
19h
20h

D	S	T	Q	Q	S	S	D	S	T	Q	Q	S	S	D	S	T	Q	Q	S	S	D	S	T	Q	Q	S	S	D	S	T
01	02	03	04	05	06	07	**08**	09	10	11	12	13	14	**15**	16	17	18	19	20	21	**22**	23	24	25	26	27	28	**29**	30	31

anotações

18 quarta MARÇO

Pensamentos positivos são a base de uma vida feliz e saudável. Mahatma Gandhi assim se expressou: Suas crenças se tornam seus pensamentos. Seus pensamentos se tornam suas palavras. Suas palavras se tornam suas ações. Suas ações se tornam seus hábitos. Seus hábitos se tornam seus valores. Seus valores se tornam o seu destino.

**José Lázaro Boberg
(Peça e receba – O Universo conspira a seu favor) – EME**

Dirão, em som, as coisas que, calados, no silêncio dos olhos confessamos?

José Saramago

19
quinta
MARÇO

06h
07h
08h
09h
10h
11h
12h
13h
14h
15h
16h
17h
18h
19h
20h

D	S	T	Q	Q	S	S	D	S	T	Q	Q	S	S	D	S	T	Q	Q	S	S	D	S	T	Q	Q	S	S	D	S	T
01	02	03	04	05	06	07	**08**	09	10	11	12	13	14	**15**	16	17	18	19	20	21	**22**	23	24	25	26	27	28	**29**	30	31

anotações

20

sexta
MARÇO

- Início do Outono
- Dia do Contador de Histórias

06h
07h
08h
09h
10h
11h
12h
13h
14h
15h
16h
17h
18h
19h
20h

Recorda que a árvore produz segundo os cuidados que o pomicultor lhe administre, e que a fonte carreia água límpida, conforme a proteção que recebe. Não olvides, porém, que a árvore não devora os próprios frutos e que o manancial não bebe as próprias águas. A força da seiva que sustenta o tronco e o apoio que assegura a nascente vertem de Deus que a ninguém abandona.
***Meimei* (Chico Xavier)**

Há sempre um momento na infância quando a porta se abre e o futuro entra.
Graham Greene

21
sábado
MARÇO

- Dia Mundial da Infância

08h
09h
10h
11h
12h
13h
14h
15h
16h
17h
18h
19h
20h

22
domingo
MARÇO

- Dia Mundial da Água

08h
09h
10h
11h
12h
13h
14h
15h

D	S	T	Q	Q	S	S	**D**	S	T	Q	Q	S	S	**D**	S	T	Q	Q	S	S	**D**	S	T	Q	Q	S	S	**D**	S	T
01	02	03	04	05	06	07	**08**	09	10	11	12	13	14	**15**	16	17	18	19	20	21	**22**	23	24	25	26	27	28	**29**	30	31

anotações

06h	
07h	
08h	**23** segunda MARÇO
09h	
10h	
11h	
12h	
13h	
14h	
15h	
16h	
17h	
18h	
19h	
20h	

De gotas d'água o ribeiro / É a doce e clara união.
De segundos faz-se o tempo / De migalhas faz-se o pão.
***Casimiro Cunha* (Chico Xavier)**

O trigo moído é transformado em farinha. A uva pisada é transformada em vinho. A azeitona prensada é transformada em azeite.
Entenda uma coisa: O processo não destrói, apenas transforma.
Dito popular

O sábio nunca diz tudo o que pensa, mas pensa sempre tudo o que diz.
Aristóteles

24
terça
MARÇO

06h
07h
08h
09h
10h
11h
12h
13h
14h
15h
16h
17h
18h
19h
20h

| **D** | S | T | Q | Q | S | S | **D** | S | T | Q | Q | S | S | **D** | S | T | Q | Q | S | S | **D** | S | T | Q | Q | S | S | **D** | S | T |
| **01** | 02 | 03 | 04 | 05 | 06 | 07 | **08** | 09 | 10 | 11 | 12 | 13 | 14 | **15** | 16 | 17 | 18 | 19 | 20 | 21 | **22** | 23 | 24 | 25 | 26 | 27 | 28 | **29** | 30 | 31 |

anotações

25
quarta
MARÇO

- Dia Internacional em Memória das Vítimas da Escravatura e do Comércio Transatlântico de Escravos
- Dia da Constituição

06h
07h
08h
09h
10h
11h
12h
13h
14h
15h
16h
17h
18h
19h
20h

Como prevenir os cálculos renais:

1. Manter-se hidratado, com ingestão média de dois a três litros de água por dia.

Preferir sucos cítricos, como laranja e limão, que originam no organismo o citrato, que possui ação que impede a formação de pedras no rim.

2. Evitar os excessos de consumo de carne ou produtos de origem animal como manteigas ou queijos.

3. Nas refeições diminuir a ingestão de sal. Evitar alimentos embutidos ricos em sódio como presunto, bacon e linguiça, além dos industrializados.

Notícias.Uol.com

26
quinta
MARÇO

	06h
	07h
	08h
	09h
	10h
	11h
	12h
	13h
	14h
	15h
	16h
	17h
	18h
	19h
	20h

D S T Q Q S S **D** S T Q Q S S **D** S T Q Q S S **D** S T Q Q S S **D** S T
01 02 03 04 05 06 07 **08** 09 10 11 12 13 14 **15** 16 17 18 19 20 21 **22** 23 24 25 26 27 28 **29** 30 31

anotações

27
sexta
MARÇO

- Dia Mundial do Teatro

06h	
07h	
08h	
09h	
10h	
11h	
12h	
13h	
14h	
15h	
16h	
17h	
18h	
19h	
20h	

Compreenda e beneficie. Perdoe quaisquer ofensas. Atenda à pontualidade. Conserve a consciência tranquila. Auxilie generosamente. Esqueça o mal. Cultive sinceridade, aceitando-se como é e acolhendo os outros como os outros são, procurando, porém, fazer sempre o melhor ao seu alcance.
André Luiz (Chico Xavier) – Sinal verde – CEC

O carinho na infância, o amor e a ternura, ao lado do respeito à criança são fundamentais para uma vida saudável.
José Ferraz

28
sábado
MARÇO

- 08h
- 09h
- 10h
- 11h
- 12h
- 13h
- 14h
- 15h
- 16h
- 17h
- 18h
- 19h
- 20h

29
domingo
MARÇO

- 08h
- 09h
- 10h
- 11h
- 12h
- 13h
- 14h
- 15h

D S T Q Q S S **D** S T Q Q S S **D** S T Q Q S S **D** S T Q Q S S **D** S T
01 02 03 04 05 06 07 **08** 09 10 11 12 13 14 **15** 16 17 18 19 20 21 **22** 23 24 25 26 27 28 **29** 30 31

anotações

30
segunda
MARÇO

- Dia Mundial do Transtorno Bipolar e Internacional de Lixo Zero

06h	
07h	
08h	
09h	
10h	
11h	
12h	
13h	
14h	
15h	
16h	
17h	
18h	
19h	
20h	

Todo Dia 26

Crê, trabalha e não temas. Deus te apoia e te guarda. Por mais lutas à frente, segue e confia em Deus. Lembra-te da poção medicamentosa que te suprime a dor, do copo de água pura que dessedenta, do livro simples que baseia a cultura complexa e jamais te digas inútil.
***Emmanuel* (Chico Xavier) – Caminho iluminado – CEU**

Quanto mais nos elevamos, menores parecemos aos olhos daqueles que não sabem voar.
Friedrich Nietzsche

31
terça
MARÇO

- Data da desencarnação de Allan Kardec em Paris em 1869, aos 64 anos de idade.

| 06h |
| 07h |
| 08h |
| 09h |
| 10h |
| 11h |
| 12h |
| 13h |
| 14h |
| 15h |
| 16h |
| 17h |
| 18h |
| 19h |
| 20h |

D 01 S 02 T 03 Q 04 Q 05 S 06 S 07 **D** 08 S 09 T 10 Q 11 Q 12 S 13 S 14 **D** 15 S 16 T 17 Q 18 Q 19 S 20 S 21 **D** 22 S 23 T 24 Q 25 Q 26 S 27 S 28 **D** 29 S 30 T 31

anotações

JOSÉ XAVIER, O SAPATEIRO IRMÃO DE CHICO

(...) José Xavier decidiu ajudar o irmão. Os visitantes poderiam ser encaminhados à sapataria onde ele trabalhava. Conversaria com todos até a hora em que Chico saísse do serviço para atendê-los. Alguns doentes chegavam amarrados, arrastados pela família, para serem submetidos às sessões de desobsessão promovidas por Chico. José atendia aos desesperados com educação e paciência.

Numa noite, Chico foi chamado às pressas pela família. José tinha desmaiado e estava mal. Quando chegou à casa do irmão, o médico lhe deu uma esperança:

– José vai voltar.

A alegria durou segundos. Logo, ele ouviu um desconsolo de Emmanuel:

– Ele vai voltar, mas não vai reconhecer ninguém. Consta de suas provas cármicas que ele deve ficar onze anos num hospício.

Algumas horas se passaram e Chico viu, em volta da cama do irmão, um círculo de espíritos. Era uma assembleia. A explicação veio do amigo invisível:

– José conversou com tantos obsediados estes anos todos... Vamos pedir ao Senhor que sua dedicação seja levada em consideração e, em vez de ficar todos esses anos alienado, ele desencarne já.

Minutos depois, Chico foi surpreendido por outra visão:

José se desprendeu do próprio corpo e, como uma cópia de si mesmo, se levantou e sumiu.

O velório foi constrangedor. João Cândido Xavier estava inconformado. Encarava as pessoas, muitas delas em busca das receitas de Chico, e gritava:

– Vieram aqui para se curar? Vocês não enxergam? Ele não cura ninguém. Não curou nem o próprio irmão. Voltem para casa. Deixem de ser idiotas.

Marcel Souto Maior – As vidas de Chico Xavier – Planeta

ABRIL 2026

ANOTAÇÕES IMPORTANTES | viagens | cursos | reuniões | aniversários | provas | trabalhos | contas

1.
2.
3.
4.
5.
6.
7.
8.
9.
10.
11.
12.
13.
14.
15.
16.
17.
18.
19.
20.
21.
22.
23.
24.
25.
26.
27.
28.
29.
30.

06h	
07h	
08h	**01**
	quarta
	ABRIL
09h	
10h	• Dia da Abolição da Escravidão Indígena
11h	
12h	
13h	
14h	
15h	
16h	
17h	
18h	
19h	
20h	

Todo Dia 26

Quando o trabalho é um prazer, a vida é bela! Mas quando nos é imposto, a vida é uma escravatura.
Máximo Gorky

A escravatura humana atingiu o seu ponto culminante na nossa época sob a forma do trabalho livremente assalariado.
George Bernard Shaw

Vincit omnia veritas
A verdade vence tudo. Esse provérbio romano tem origem na seguinte frase do filósofo e orador Cícero (106-43 a.C.): *In omni re vincit imitationem veritas* – A verdade supera o fingimento em qualquer circunstância.
https://www.significados.com.br/frases-em-latim.

02
quinta
ABRIL

08h
09h
10h
11h
12h
13h
14h
15h
16h
17h
18h
19h
20h

03
sexta
ABRIL

- Sexta-feira Santa

08h
09h
10h
11h
12h
13h
14h
15h

Q	Q	**S**	**S**	**D**	S	T	Q	Q	S	S	**D**	S	T	Q	Q	S	S	**D**	S	**T**	Q	Q	S	S	**D**	S	T	Q	Q
01	02	**03**	04	**05**	06	07	08	09	10	11	**12**	13	14	15	16	17	18	**19**	20	**21**	22	23	24	25	**26**	27	28	29	30

anotações

04
sábado
ABRIL

- 08h
- 09h
- 10h
- 11h
- 12h
- 13h
- 14h
- 15h
- 16h
- 17h
- 18h
- 19h
- 20h

05
domingo
ABRIL

• Páscoa

- 08h
- 09h
- 10h
- 11h
- 12h
- 13h
- 14h
- 15h

O maior exemplo de Jesus não foi ressuscitar os mortos, ou ressurgir no terceiro dia e passar quarenta dias com seus discípulos imperfeitos, porém amados por ele. A maior realização do Mestre foi sua capacidade de ressuscitar os vivos que dormiam. Nem todos, infelizmente, acordaram ou acordamos.
Rodrigues de Camargo

Para muitos, a Páscoa é o símbolo do renascimento. É um momento sagrado em que os cristãos celebram a ressurreição de Jesus, a vitória sobre a morte e a promessa de vida imortal. Para nós, espíritas, representa o ressurgimento em corpo espiritual, a prova sublime da imortalidade da alma.
Rodrigues de Camargo

06
segunda
ABRIL

06h
07h
08h
09h
10h
11h
12h
13h
14h
15h
16h
17h
18h
19h
20h

Q Q **S** S **D** S T Q Q S S **D** S T Q Q S S **D** S **T** Q Q S S **D** S T Q Q
01 02 **03** 04 **05** 06 07 08 09 10 11 **12** 13 14 15 16 17 18 **19** 20 **21** 22 23 24 25 **26** 27 28 29 30

anotações

07
terça
ABRIL

- Dia Mundial da Saúde

| 06h |
| 07h |
| 08h |
| 09h |
| 10h |
| 11h |
| 12h |
| 13h |
| 14h |
| 15h |
| 16h |
| 17h |
| 18h |
| 19h |
| 20h |

Hoje a ciência está reconhecendo que a espiritualidade e a oração são fatores de saúde, e aqueles que exercitam essa fé com prática de altruísmo, voluntariado, tem quatro benefícios: melhoria do sistema imunológico, autoestima, bem-estar consigo e sentimento de adequação com o mundo em sua volta.

Jesus muito orou. Dizem ter visto o jovem nazareno chorando, porém nunca doente. Ele ensinou a orar, deixando como modelo o Pai Nosso. Tiago (5:15) também escreveria: "E a oração da fé salvará o enfermo, e o Senhor o levantará".

Rodrigues de Camargo

08
quarta
ABRIL

- Dia Mundial do Combate ao Câncer

| 06h | 07h | 08h | 09h | 10h | 11h | 12h | 13h | 14h | 15h | 16h | 17h | 18h | 19h | 20h |

Q Q **S** S **D** S T Q Q S S **D** S T Q Q S S **D** S **T** Q Q S S **D** S T Q Q
01 02 **03** 04 **05** 06 07 08 09 10 11 **12** 13 14 15 16 17 18 **19** 20 **21** 22 23 24 25 **26** 27 28 29 30

09
quinta
ABRIL

- Dia Nacional da Biblioteca

06h
07h
08h
09h
10h
11h
12h
13h
14h
15h
16h
17h
18h
19h
20h

Não seria maravilhoso o mundo se as bibliotecas fossem mais importantes que os bancos?
Mafalda

Livro de minha alma aqui o tenho: é a *Bíblia*. Não o encerro na biblioteca, entre os de estudo, conservo-o sempre à minha cabeceira, à mão. É dele que tiro o pão para a minha fome de consolo, é dele que tiro a luz nas trevas das minhas agonias.
Coelho Neto

Sempre imaginei que o paraíso será uma espécie de biblioteca.
Jorge Luís Borges

10
sexta
ABRIL

- 06h
- 07h
- 08h
- 09h
- 10h
- 11h
- 12h
- 13h
- 14h
- 15h
- 16h
- 17h
- 18h
- 19h
- 20h

Q	Q	**S**	S	**D**	S	T	Q	Q	S	S	**D**	S	T	Q	Q	S	S	**D**	S	**T**	Q	Q	S	S	**D**	S	T	Q	Q
01	02	**03**	04	**05**	06	07	08	09	10	11	**12**	13	14	15	16	17	18	**19**	20	**21**	22	23	24	25	**26**	27	28	29	30

anotações

11 sábado ABRIL

• Dia dos Jovens

08h
09h
10h
11h
12h
13h
14h
15h
16h
17h
18h
19h
20h

12 domingo ABRIL

08h
09h
10h
11h
12h
13h
14h
15h

Sou jovem, é verdade, mas a fé não se mede pelos anos e sim pelos sentimentos. Deus mede a alma, não a idade. Quanto aos deuses, podem até ficar furiosos, que eu não os temo. Meu Deus é amor.
Inês de Roma (Vidas de Inês de Roma) – EME

Era um jovem trazendo a grandeza da Altura,
Referindo-se a Deus por Pai de Infinita Bondade,
Que nunca abandonou a Humanidade...
Maria Dolores (Chico Xavier)
– Caminhos do amor – CEU

13
segunda
ABRIL

06h
07h
08h
09h
10h
11h
12h
13h
14h
15h
16h
17h
18h
19h
20h

Q	Q	**S**	S	**D**	S	T	Q	Q	S	S	**D**	S	T	Q	Q	S	S	**D**	**T**	Q	Q	S	S	**D**	S	T	Q
01	02	**03**	04	**05**	06	07	08	09	10	11	**12**	13	14	15	16	17	18	**19**	20	**21**	22	23	24	25	**26**	27	28	29	30

anotações

Horário	
06h	
07h	
08h	
09h	
10h	
11h	
12h	
13h	
14h	
15h	
16h	
17h	
18h	
19h	
20h	

14
terça
ABRIL

- Dia do Técnico em Serviço de Saúde

O bem não te imunizará do sofrimento, resolvendo todos os problemas, mas auxiliar-te-ás a enfrentar as situações difíceis com ânimo robusto, evitando que te encharques no pessimismo e oferecendo-te resistência para vencer dificuldades e não contrair novos compromissos negativos.
Joanna de Ângelis **(Divaldo P. Franco)**
– Alerta – Alvorada Editora

Aquele que é feliz espalha felicidade. Aquele que teima na infelicidade, que perde o equilíbrio e a confiança, perde-se na vida.
Anne Frank

15
quarta
ABRIL

- 06h
- 07h
- 08h
- 09h
- 10h
- 11h
- 12h
- 13h
- 14h
- 15h
- 16h
- 17h
- 18h
- 19h
- 20h

Q Q **S** S **D** S T Q Q S S **D** S T Q Q S S **D** S **T** Q Q S S **D** S T Q Q
01 02 **03** 04 **05** 06 07 08 09 10 11 **12** 13 14 15 16 17 18 **19** 20 **21** 22 23 24 25 **26** 27 28 29 30

anotações

06h	
07h	**16**
08h	**quinta**
	ABRIL
09h	
10h	• Dia Mundial da Voz
11h	
12h	
13h	
14h	
15h	
16h	
17h	
18h	
19h	
20h	

Muitas vezes, apenas estar com alguém é suficiente. Não precisa tocar neles. Nem mesmo falar. Um sentimento passa entre vocês dois. Você não está sozinho.

Marilyn Monroe

Se vos tenho falado de coisas terrestres, e não me credes, como crereis se vos falar das celestiais?

Jesus **(João, 3:12)**

O hábito do bem facilita a sua prática. Só os primeiros esforços são penosos; por isso, e antes de tudo, aprendamos a dominar-nos.

Léon Denis
– Depois da morte – FEB

17
sexta
ABRIL

06h
07h
08h
09h
10h
11h
12h
13h
14h
15h
16h
17h
18h
19h
20h

| Q | Q | **S** | S | **D** | S | T | Q | Q | S | S | **D** | S | T | Q | Q | S | S | **D** | S | **T** | Q | Q | S | S | **D** | S | T | Q | Q |
| 01 | 02 | **03** | 04 | **05** | 06 | 07 | 08 | 09 | 10 | 11 | **12** | 13 | 14 | 15 | 16 | 17 | 18 | **19** | 20 | **21** | 22 | 23 | 24 | 25 | **26** | 27 | 28 | 29 | 30 |

anotações

08h	
09h	
10h	
11h	
12h	
13h	
14h	
15h	
16h	
17h	
18h	
19h	
20h	

18
sábado
ABRIL

- Dia Nacional do Espiritismo

08h	
09h	
10h	
11h	
12h	
13h	
14h	
15h	

19
domingo
ABRIL

- Dia do Exército Brasileiro

Mundos superiores e mundos inferiores

Entre esses graus inferiores e os mais elevados, existem inumeráveis escalões. Nos espíritos puros, desmaterializados e resplandecentes de glória, é difícil reconhecer aqueles que animaram os seres primitivos, do mesmo modo que no homem adulto é difícil reconhecer o embrião.

Allan Kardec – ESE – EME

Cada ato de autoperdão fortalece nossa capacidade de amar. No fim, o espiritismo nos mostra que o caminho é contínuo, sempre nos convidando a seguir em frente, amando, perdoando e sendo generosos, tanto com os outros, quanto conosco.

Umberto Fabbri – **Correio Fraterno do ABC**

20
segunda
ABRIL

- Dia do Diplomata

08h
09h
10h
11h
12h
13h
14h
15h
16h
17h
18h
19h
20h

21
terça
ABRIL

- Dia de Tiradentes

08h
09h
10h
11h
12h
13h
14h
15h

Q	Q	**S**	S	**D**	S	T	Q	Q	S	S	**D**	S	T	Q	Q	S	S	**D**	S	**T**	Q	Q	S	S	**D**	S	T	Q	Q
01	02	**03**	04	**05**	06	07	08	09	10	11	**12**	13	14	15	16	17	18	**19**	20	**21**	22	23	24	25	**26**	27	28	29	30

anotações

06h	
07h	
08h	
09h	
10h	
11h	
12h	
13h	
14h	
15h	
16h	
17h	
18h	
19h	
20h	

22 quarta ABRIL

- Dia do Descobrimento do Brasil
- Dia do Planeta Terra

Jesus se identificou como tutor de nossa-casa, o planeta Terra, e desde tempos remotos cuida dessa família que é a humanidade terrena. Será que estamos correspondendo com nossos deveres de irmãos, de filhos, de pais, de cônjuges, para que o mundo se transforme numa habitação melhor?

Rodrigues de Camargo

Deixarei para os mortos de espírito as preocupações deste mundo, levarei comigo pessoas que por mim passaram, e suas palavras estão escritas letra por letra, vírgula por vírgula, no meu livro da vida.

Águida Hettwer

23
quinta
ABRIL

- Dia Mundial do Livro e dos Direitos Autorais

06h
07h
08h
09h
10h
11h
12h
13h
14h
15h
16h
17h
18h
19h
20h

Q	Q	**S**	S	**D**	S	T	Q	Q	S	S	**D**	S	T	Q	Q	S	S	**D**	S	**T**	Q	Q	S	S	**D**	S	T	Q	Q
01	02	**03**	04	**05**	06	07	08	09	10	11	**12**	13	14	15	16	17	18	**19**	20	**21**	22	23	24	25	**26**	27	28	29	30

anotações

06h	
07h	
08h	
09h	
10h	
11h	
12h	
13h	
14h	
15h	
16h	
17h	
18h	
19h	
20h	

24
sexta
ABRIL

- Dia do Penitenciário
- Dia do Jovem Trabalhador

Não critiques e nem apedrejes criatura alguma. Na Terra e fora da Terra, integramos a imensa caravana que se desloca incessantemente para diante. Não reproves ninguém. Todos somos viajadores nas estradas da vida, necessitando do auxílio uns dos outros e todos estamos seguindo com sede de compreensão e fome de Deus.

***Meimei* (Chico Xavier)**

Seu filho é abençoado aprendiz da vida. Não lhe dificulte a colheita das lições, fazendo-lhe as tarefas.

Seu filho é flor em botão nos verdes ramos da existência.

***Joanna de Ângelis* (Divaldo P. Franco)**

25
sábado
ABRIL

- Dia Mundial da Medicina Veterinária

08h
09h
10h
11h
12h
13h
14h
15h
16h
17h
18h
19h
20h

26
domingo
ABRIL

08h
09h
10h
11h
12h
13h
14h
15h

Q	Q	**S**	S	**D**	S	T	Q	Q	S	S	**D**	S	T	Q	Q	S	S	**D**	S	**T**	Q	Q	S	S	**D**	S	T	Q	Q
01	02	**03**	04	**05**	06	07	08	09	10	11	**12**	13	14	15	16	17	18	**19**	20	**21**	22	23	24	25	**26**	27	28	29	30

anotações

06h	
07h	
08h	
09h	
10h	
11h	
12h	
13h	
14h	
15h	
16h	
17h	
18h	
19h	
20h	

27 segunda
ABRIL

- Dia da Empregada Doméstica

Mesmo com grandes avanços legais, o serviço doméstico ainda é visto como um trabalho inferior e resguardado a pessoas em situação vulnerável, como migrantes e pessoas sem acesso à educação... O passado de escravidão do Brasil ainda persiste e influencia no imaginário de classes, onde cada um teria um lugar específico a ocupar...
https://www.politize.com.br/trabalho

Medicina veterinária – vocação ao bem-estar dos nossos irmãos menores, cuidando com amor e compromisso da vida que nos retribui com afeto incondicional.
Rodrigues de Camargo

28
terça
ABRIL

- Dia Internacional da Educação e Dia da Sogra

06h
07h
08h
09h
10h
11h
12h
13h
14h
15h
16h
17h
18h
19h
20h

| Q | Q | **S** | S | **D** | S | T | Q | Q | S | S | **D** | S | T | Q | Q | S | S | **D** | S | **T** | Q | Q | S | S | **D** | S | T | Q | Q |
| 01 | 02 | **03** | 04 | **05** | 06 | 07 | 08 | 09 | 10 | 11 | **12** | 13 | 14 | 15 | 16 | 17 | 18 | **19** | 20 | **21** | 22 | 23 | 24 | 25 | **26** | 27 | 28 | 29 | 30 |

anotações

29

quarta

A B R I L

• Dia Internacional da Dança

| 06h |
| 07h |
| 08h |
| 09h |
| 10h |
| 11h |
| 12h |
| 13h |
| 14h |
| 15h |
| 16h |
| 17h |
| 18h |
| 19h |
| 20h |

A educação, se bem compreendida, é a chave do progresso moral.
Allan Kardec

O homem não é nada além daquilo que a educação faz dele.
Immanuel Kant

Passo a passo tu aprenderás a dança.
Provérbio africano

A crise climática também tem gênero

As mulheres compõem a maioria da população em vulnerabilidade e pobreza no mundo todo.

Também são mais dependentes dos recursos naturais que são ameaçados pelo contexto das mudanças climáticas.

Natália Sampaio, **engenheira florestal**

30
quinta
ABRIL

- Dia Nacional da Mulher

06h
07h
08h
09h
10h
11h
12h
13h
14h
15h
16h
17h
18h
19h
20h

Q	Q	**S**	S	**D**	S	T	Q	Q	S	S	**D**	S	T	Q	Q	S	S	**D**	S	**T**	Q	Q	S	S	**D**	S	T	Q	Q
01	02	**03**	04	**05**	06	07	08	09	10	11	**12**	13	14	15	16	17	18	**19**	20	**21**	22	23	24	25	**26**	27	28	29	30

anotações

PÁGINA ESTIMULANTE

Declara-se você de alma ferida e entrega-se ao desgosto, perdendo tempo.

Entretanto,

se você não sofre contrariedades e desapontamentos;

se não encontra opositores;

se não precisa lutar para vencer obstáculos;

se não tem um parente difícil que lhe ajude o coração a curvar-se perante os outros;

se não necessita servir por amor de alguém;

se não carrega algum impedimento orgânico;

se não suporta problemas em casa;

se não conhece pessoas que lhe abrem caminho a provas e tentações...

Então, você estará correndo o risco de permanecer indefinidamente nas retaguardas da evolução.

Lembre-se:

A obra-prima de escultura é arrancada ao bloco de pedra pelo artista, a golpes de buril: igualmente, nós outros, sem o concurso da dificuldade e do sofrimento não seremos arrebatados ao mármore dos impulsos primitivistas.

E se a obra-prima, antes de se corporificar, é sempre o ideal do artista dormindo na pedra, no mármore dos instintos, antes da necessária sublimação, cada um de nós é um sonho de Deus.

Emmanuel **(Chico Xavier) – Busca e acharás – Ideal**

MAIO 2026

ANOTAÇÕES IMPORTANTES | viagens | cursos | reuniões | aniversários | provas | trabalhos | contas

1 _____
2 _____
3 _____
4 _____
5 _____
6 _____
7 _____
8 _____
9 _____
10 _____
11 _____
12 _____
13 _____
14 _____
15 _____
16 _____
17 _____
18 _____
19 _____
20 _____
21 _____
22 _____
23 _____
24 _____
25 _____
26 _____
27 _____
28 _____
29 _____
30 _____
31 _____

01 sexta
MAIO

• Dia do Trabalho

08h
09h
10h
11h
12h
13h
14h
15h

02 sábado
MAIO

08h
09h
10h
11h
12h
13h
14h
15h
16h
17h
18h
19h
20h

Eu permito a todos serem como quiserem, e a mim como devo ser.

Eu vivo muito alegre, muito feliz, trabalho, tenho sempre muita gente em volta de mim, muita, muita gente na minha vida, é disso que eu gosto.

Chico Xavier

A crise climática afeta mulheres de diversas formas, assim como: através do aumento da violência de gênero, trabalho com menor remuneração, perdas financeiras, deslocamentos forçados por eventos extremos, abandono da escola, casamentos infantis.

***Natália Sampaio*, engenheira florestal**

03
domingo
MAIO

- 08h
- 09h
- 10h
- 11h
- 12h
- 13h
- 14h
- 15h

04
segunda
MAIO

- 08h
- 09h
- 10h
- 11h
- 12h
- 13h
- 14h
- 15h
- 16h
- 17h
- 18h
- 19h
- 20h

S S **D** S T Q Q S S **D** S T Q Q S S **D** S T Q Q S S **D** S T Q Q S S **D**
01 02 **03** 04 05 06 07 08 09 **10** 11 12 13 14 15 16 **17** 18 19 20 21 22 23 **24** 25 26 27 28 29 30 **31**

anotações

05
terça
MAIO

- Dia Mundial do Trânsito e da Cortesia ao Volante

06h
07h
08h
09h
10h
11h
12h
13h
14h
15h
16h
17h
18h
19h
20h

— "Caminhai como filhos da luz." — ensinou o apóstolo da gentilidade.

Procurando, pois, o Senhor e aqueles que o seguem valorosamente, pela reta conduta de cristãos leais ao Cristo, vacinemos nossas almas contra as flagelações externas ou internas da parasitose mental.

Dias da Cruz (Chico Xavier)
– Instruções psicofônicas – FEB

A amizade exige a cortesia. Não é como o amor, que, pela sua áurea mudança, se adapta à confidência e ao desembaraço narrativo.

Agustina Bessa-Luís

06
quarta
MAIO

06h
07h
08h
09h
10h
11h
12h
13h
14h
15h
16h
17h
18h
19h
20h

S S **D** S T Q Q S S **D** S T Q Q S S **D** S T Q Q S S **D** S T Q Q S S **D**
01 02 **03** 04 05 06 07 08 09 **10** 11 12 13 14 15 16 **17** 18 19 20 21 22 23 **24** 25 26 27 28 29 30 **31**

anotações

07
quinta
MAIO

- Dia do Silêncio
- Dia do Oftalmologista

06h
07h
08h
09h
10h
11h
12h
13h
14h
15h
16h
17h
18h
19h
20h

Todo Dia 26

Em qualquer crise da existência, conserva a calma construtiva, de vez que os nossos estados mentais são contagiosos e, asserenando os outros, estaremos especialmente agindo em auxílio a nós mesmos.
***Emmanuel* (Chico Xavier)**

O que me preocupa não é o barulho dos maus. O que me preocupa é o silêncio dos bons.
Martin Luther King

Depois do silêncio, o que mais se aproxima de expressar o inexprimível é a música.
Aldous Huxley

08
sexta
MAIO

06h
07h
08h
09h
10h
11h
12h
13h
14h
15h
16h
17h
18h
19h
20h

S	S	D	S	T	Q	Q	S	S	D	S	T	Q	Q	S	S	D	S	T	Q	Q	S	S	D	S	T	Q	Q	S	S	D
01	02	**03**	04	05	06	07	08	09	**10**	11	12	13	14	15	16	**17**	18	19	20	21	22	23	**24**	25	26	27	28	29	30	**31**

anotações

08h	
09h	
10h	
11h	
12h	
13h	
14h	
15h	
16h	
17h	
18h	
19h	
20h	

09
sábado
M A I O

08h	
09h	
10h	
11h	
12h	
13h	
14h	
15h	

10
domingo
M A I O

• Dia das Mães

Minha mãe me criou sacrificando sua vida por mim. Não tínhamos dinheiro para nada e ela trabalhava 7 dias por semana, como cozinheira, foi com muito custo que comprou minha primeira chuteira para que eu pudesse ser jogador de futebol.

Todo o meu sucesso é dedicado a Maria Dolores dos Santos Aveiro.

Cristiano Ronaldo

Dizem que as mães têm coração tão grande para os seus filhos que além dos elogios, ainda cabem nossas desculpas pelas dores que lhes causamos na vida. Feliz dia das mães.

Rodrigues de Camargo

11
segunda
MAIO

	06h
	07h
	08h
	09h
	10h
	11h
	12h
	13h
	14h
	15h
	16h
	17h
	18h
	19h
	20h

S S **D** S T Q Q S S **D** S T Q Q S S **D** S T Q Q S S **D** S T Q Q S S **D**
01 02 **03** 04 05 06 07 08 09 **10** 11 12 13 14 15 16 **17** 18 19 20 21 22 23 **24** 25 26 27 28 29 30 **31**

anotações

12
terça
MAIO

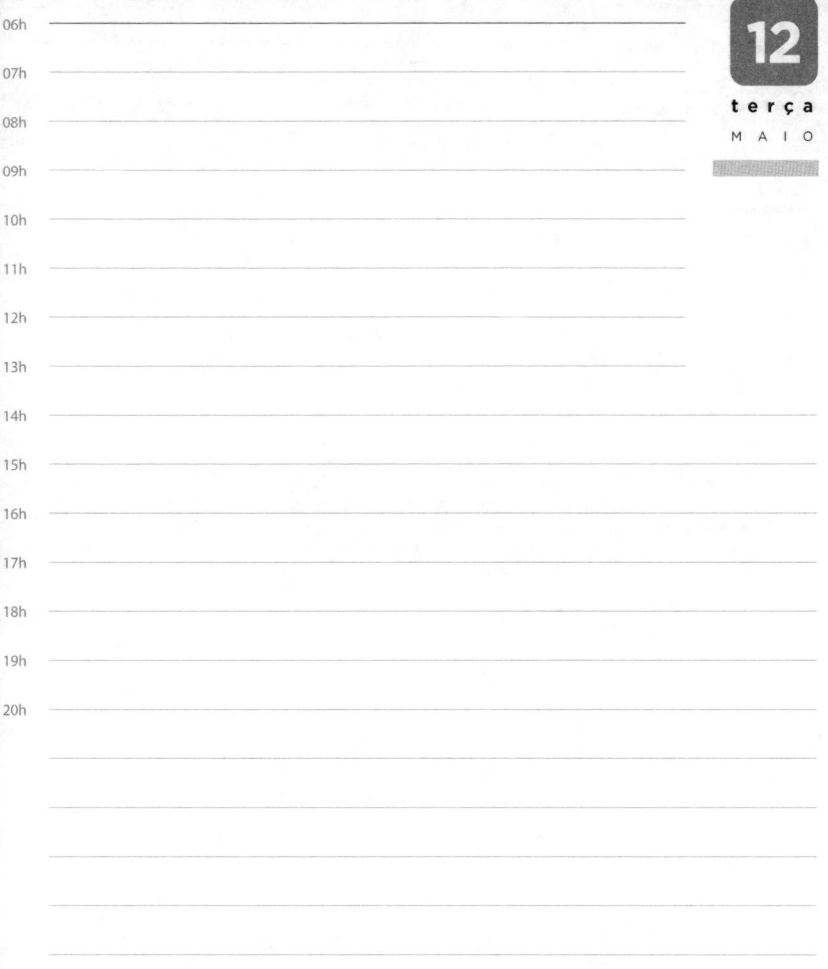

A mente humana deve ser mais temida do que cobras venenosas e assaltantes vingadores.
Buda

Não pode haver bem moral onde não há liberdade; medo é sinônimo de escravatura!
Sêneca

Senhor, não deixes que se manche a tela,
Onde traçaste a criação mais bela
De tua inspiração.
O sol de tua glória foi toldado
Teu poema da América manchado.
Manchou-o a escravidão.
Castro Alves

13

quarta

MAIO

- Dia da Abolição da Escravidão
- Dia da Fraternidade

S	S	D	S	T	Q	Q	S	S	D	S	T	Q	Q	S	S	D	S	T	Q	Q	S	S	D	S	T	Q	Q	S	S	D
01	02	**03**	04	05	06	07	08	09	**10**	11	12	13	14	15	16	**17**	18	19	20	21	22	23	**24**	25	26	27	28	29	30	**31**

06h
07h
08h
09h
10h
11h
12h
13h
14h
15h
16h
17h
18h
19h
20h

anotações

14
quinta
MAIO

06h
07h
08h
09h
10h
11h
12h
13h
14h
15h
16h
17h
18h
19h
20h

Para o homem, o anjo é o gênio que representa a Providência Divina e para o animal, o homem é a força que representa a Divina Bondade.
Compaixão é receita de luz para a ascensão da alma aos Reinos Divinos.
Emmanuel **(Chico Xavier)**

No momento em que o escravo decide que não quer ser escravo, suas correntes caem ao solo. Se liberta e mostra aos outros como fazê-lo. A liberdade e a escravidão são estados mentais.
Mahatma Gandhi

Tudo é hábito, até mesmo a virtude.
Pietro Metastasio

15
sexta
MAIO

06h
07h
08h
09h
10h
11h
12h
13h
14h
15h
16h
17h
18h
19h
20h

S	S	D	S	T	Q	Q	S	S	D	S	T	Q	Q	S	S	D	S	T	Q	Q	S	S	D	S	T	Q	Q	S	S	D
01	02	**03**	04	05	06	07	08	09	**10**	11	12	13	14	15	16	**17**	18	19	20	21	22	23	**24**	25	26	27	28	29	30	**31**

anotações

16
sábado
MAIO

08h
09h
10h
11h
12h
13h
14h
15h
16h
17h
18h
19h
20h

17
domingo
MAIO

- Dia Internacional Contra a Homofobia

08h
09h
10h
11h
12h
13h
14h
15h

Débora, homoafetiva, enfrentou a barreira do preconceito da família e dos amigos, e ainda enfrenta no trabalho, ela é educadora física, onde o ambiente do esporte, é infelizmente muito machista, "mostrei a eles que sou trabalhadora e uma pessoa do bem, e a minha opção sexual não me faz nem melhor nem pior a ninguém".
O Semanário (depoimento)

Homofobia se caracteriza por atitudes e sentimentos negativos e discriminatórios contra pessoas LGBTQIA+. A lei garante a punição para toda forma de discriminação.

18
segunda
MAIO

06h
07h
08h
09h
10h
11h
12h
13h
14h
15h
16h
17h
18h
19h
20h

S	S	D	S	T	Q	Q	S	S	D	S	T	Q	Q	S	S	D	S	T	Q	Q	S	S	D	S	T	Q	Q	S	S	D
01	02	**03**	04	05	06	07	08	09	**10**	11	12	13	14	15	16	**17**	18	19	20	21	22	23	**24**	25	26	27	28	29	30	**31**

06h	**19**
07h	**terça**
08h	MAIO
09h	
10h	• Dia do Defensor Público
11h	• Dia Mundial do Médico da Família
12h	
13h	
14h	
15h	
16h	
17h	
18h	
19h	
20h	

Mais vale ser enganado que enganar, no trato da vida, porquanto as pessoas enganadas denotam alma simples e sincera, compreendendo-se que os enganadores andarão embrulhados na sombra a que se empenham toda vez que procurem enevoar a estrada dos semelhantes.
***Emmanuel* (Chico Xavier)**

Inicia o teu trabalho, / Rendendo-lhe santo apreço.
Não há fim vitorioso / Onde não há bom começo.
***Casimiro Cunha* (Chico Xavier) – Gotas de luz – FEB**

20
quarta
MAIO

- Dia do Pedagogo

06h
07h
08h
09h
10h
11h
12h
13h
14h
15h
16h
17h
18h
19h
20h

S	S	**D**	S	T	Q	Q	S	S	**D**	S	T	Q	Q	S	S	**D**	S	T	Q	Q	S	S	**D**	S	T	Q	Q	S	S	**D**
01	02	**03**	04	05	06	07	08	09	**10**	11	12	13	14	15	16	**17**	18	19	20	21	22	23	**24**	25	26	27	28	29	30	**31**

21

quinta
MAIO

06h
07h
08h
09h
10h
11h
12h
13h
14h
15h
16h
17h
18h
19h
20h

Mas, se a sociedade não pode igualar os que a natureza criou desiguais, cada um, nos limites da sua energia moral, pode reagir sobre as desigualdades nativas, pela educação, atividade e perseverança.
Rui Barbosa

Educar é crescer. E crescer é viver. Educação é, assim, vida no sentido mais autêntico da palavra.
Anísio Teixeira

Deus é meu pai, a natureza é minha mãe. O universo é meu caminho, a eternidade é meu reino. A imortalidade é minha vida.
Psicografia *Chico Xavier*

22
sexta
MAIO

- Dia do Abraço

	06h
	07h
	08h
	09h
	10h
	11h
	12h
	13h
	14h
	15h
	16h
	17h
	18h
	19h
	20h

S S **D** S T Q Q S S **D** S T Q Q S S **D** S T Q Q S S **D** S T Q Q S S **D**
01 02 **03** 04 05 06 07 08 09 **10** 11 12 13 14 15 16 **17** 18 19 20 21 22 23 **24** 25 26 27 28 29 30 **31**

anotações

08h	
09h	
10h	**23**
	sábado
	MAIO
11h	
	• Dia da Juventude Constitucionalista
12h	
13h	
14h	
15h	
16h	
17h	
18h	
19h	
20h	

08h	
09h	
10h	**24**
	domingo
	MAIO
11h	
	• Dia do Detento e Dia da Infantaria
12h	
13h	
14h	
15h	

Todo Dia 26

Como se a memória fosse possuída de um admirável poder retrospectivo, comecei a ver todos os quadros da minha infância e juventude, relembrando um a um os mínimos fatos da minha existência relativamente breve. Via-os, esses quadros do pretérito, com naturalidade, sem admiração e sem surpresa...

***Maria João de Deus* (Chico Xavier) – Cartas de uma morta – LAKE**

Sou companhia, mas posso ser solidão. Tranquilidade e inconstância, pedra e coração. Sou abraços, sorrisos, ânimo, bom humor, sarcasmo, preguiça e sono. Música alta e silêncio.

Clarice Lispector

25

segunda

MAIO

- Dia Nacional da Adoção

06h
07h
08h
09h
10h
11h
12h
13h
14h
15h
16h
17h
18h
19h
20h

S	S	**D**	S	T	Q	Q	S	S	**D**	S	T	Q	Q	S	S	**D**	S	T	Q	Q	S	S	**D**	S	T	Q	Q	S	S	**D**
01	02	**03**	04	05	06	07	08	09	**10**	11	12	13	14	15	16	**17**	18	19	20	21	22	23	**24**	25	26	27	28	29	30	**31**

anotações

26
terça
MAIO

06h
07h
08h
09h
10h
11h
12h
13h
14h
15h
16h
17h
18h
19h
20h

Tenha filhos para receber aquele sorriso e abraço apertado quando você chegar em casa e sentir que você é a pessoa mais importante do mundo inteirinho para aquele pequeno ser. Tenha filhos para ganhar beijos babados com um hálito que listerine nenhum proporciona.

Bruna Estrela

O aborto pode ser combatido mediante a adoção. Quem não quiser as crianças que vão nascer, que as dê a mim. Não rejeitarei uma só delas. Encontrarei uns pais para elas. Ninguém tem o direito de matar um ser humano que vai nascer: nem o pai, nem a mãe, nem o estado, nem o médico. Ninguém.

Madre Teresa de Calcutá

27
quarta
MAIO

- Dia do Serviço de Saúde

06h
07h
08h
09h
10h
11h
12h
13h
14h
15h
16h
17h
18h
19h
20h

S	S	D	S	T	Q	Q	S	S	D	S	T	Q	Q	S	S	D	S	T	Q	Q	S	S	D	S	T	Q	Q	S	S	D
01	02	**03**	04	05	06	07	08	09	**10**	11	12	13	14	15	16	**17**	18	19	20	21	22	23	**24**	25	26	27	28	29	30	**31**

anotações

06h	
07h	
08h	**28**
	quinta
	MAIO
09h	
10h	• Dia Nacional de Luta pela Redução da Mortalidade Materna
11h	
12h	• Dia Internacional de Luta pela Saúde da Mulher
13h	
14h	
15h	
16h	
17h	
18h	
19h	
20h	

As mulheres, em particular, precisam ficar de olho na sua saúde física e mental, porque se estamos em um mundo cheio de compromissos, não temos muito tempo para cuidar de nós mesmas.
Michelle Obama

Hoje eu queria um abraço daqueles que te sufoca de tão apertado e te protege de tudo.
Caio Fernando Abreu

Cinema é melhor pra saúde do que pipoca! Conversa é melhor do que piada. Exercício é melhor do que cirurgia. Humor é melhor do que rancor. Amigos são melhores do que gente influente. Economia é melhor do que dívida. Pergunta é melhor do que dúvida. Sonhar é melhor do que nada!
Martha Medeiros

29
sexta
MAIO

- 06h
- 07h
- 08h
- 09h
- 10h
- 11h
- 12h
- 13h
- 14h
- 15h
- 16h
- 17h
- 18h
- 19h
- 20h

S S **D** S T Q Q S S **D** S T Q Q S S **D** S T Q Q S S **D** S T Q Q S S **D**
01 02 **03** 04 05 06 07 08 09 **10** 11 12 13 14 15 16 **17** 18 19 20 21 22 23 **24** 25 26 27 28 29 30 **31**

anotações

30 sábado MAIO

- 08h
- 09h
- 10h
- 11h
- 12h
- 13h
- 14h
- 15h
- 16h
- 17h
- 18h
- 19h
- 20h

31 domingo MAIO

- Dia Mundial de Combate ao Fumo

- 08h
- 09h
- 10h
- 11h
- 12h
- 13h
- 14h
- 15h

O cigarro eletrônico, ou vape, apresenta graves riscos à saúde, incluindo doenças pulmonares, cardiovasculares, câncer e dependência. Seu uso tem crescido no Brasil, especialmente entre os jovens, segundo dados do Ipec (Inteligência em Pesquisa e Consultoria Estratégica).
Rodrigues de Camargo

A evolução tecnológica traz benefícios, mas também riscos. Embora os cigarros eletrônicos, proibidos pela Anvisa, sejam atrativos por não causarem cheiro, seu uso precoce expõe os jovens a sérios danos, já que o corpo e o sistema nervoso ainda estão em formação.
Rodrigues de Camargo

DO CONTROLE REMOTO AO CONTROLE MENTAL

A ciência atual nos permite diversas facilidades antes impensáveis e que para as crianças são absolutamente naturais. Dentre essas comodidades incorporadas ao nosso dia a dia está o controle remoto, que usamos e nem sabemos direito como funciona. Aparelhos eletrônicos, veículos, robôs, drones e até mesmo naves podem hoje ser controlados remotamente e a grandes distâncias.

A origem dessa tecnologia está numa invenção do famoso Nikola Tesla, que a chamou de "teleautômato", e que consistia num aparelho emissor de ondas de rádio com o qual movimentava um barco de brinquedo num lago.

Seu aperfeiçoamento nos possibilitou o uso das ondas de rádio para controlar naves espaciais, satélites, aeromodelos, alarmes e portão de garagem. Já os controles de televisão e de outros aparelhos domésticos usam os raios infravermelhos, que para isso são mais precisos.

São ondas eletromagnéticas e que emitem comandos digitais (zero e um, ou liga e desliga), cuja frequência varia conforme a função desejada, comandos que são decodificados pelo receptor de cada aparelho.

E quem tem uma Alexa já sabe que a tecnologia do futuro será o comando das coisas por voz, ondas sonoras que também são convertidas em sinais digitais. Televisores e outros dispositivos já foram lançados com essa possibilidade e logo serão populares.

Se ter o poder sobre as coisas é positivo, o mesmo não se pode dizer sobre querer controlar as pessoas e suas vidas. O orgulhoso se acha o melhor e quer ser atendido em todas as suas carências e vontades. Faz isso com o cônjuge, com os filhos e empregados, e os políticos e governantes querem dominar o povo.

O problema é que não somos coisas, mas gente que pensa, tem vontade própria, emoções e sentimentos. Assim como não queremos ser dominados, igualmente não devemos tentar controlar ninguém. Quando controlados sentimos um desconforto interior, mágoa, ressentimento ou raiva, que nos fazem sofrer.

Os poderosos controlam pela violência, usando servos e subalternos que espalham as ondas pestilenciais dos seus pensamentos venenosos, enquanto eles mesmos permanecem refugiados em seus gabinetes. Outros recorrem à inteligência e ao magnetismo cativante, ludibriando as mentes frágeis e ignorantes com argumentos falaciosos e promessas de imediata e fácil felicidade.

O espiritismo ainda alerta para o controle mental que determinados espíritos inferiores podem exercer sobre as pessoas, aproveitando-se de suas dificuldades e imperfeições morais, compelindo-as a fazer coisas segundo seus próprios interesses.

Jesus nos convida a sermos brandos e respeitosos para com todos, mas igualmente devemos ser prudentes e sábios, não nos deixando ser controlados pelo mal que ainda vige nos corações das criaturas, protegendo-nos com a fé e a coragem que só o verdadeiro amor pode proporcionar.

Donizete Pinheiro

JUNHO 2026

ANOTAÇÕES IMPORTANTES | viagens | cursos | reuniões | aniversários | provas | trabalhos | contas

1.
2.
3.
4.
5.
6.
7.
8.
9.
10.
11.
12.
13.
14.
15.
16.
17.
18.
19.
20.
21.
22.
23.
24.
25.
26.
27.
28.
29.
30.

01
segunda
JUNHO

• Semana do Meio Ambiente

06h	
07h	
08h	
09h	
10h	
11h	
12h	
13h	
14h	
15h	
16h	
17h	
18h	
19h	
20h	

Meus pulmões respiravam e meu coração pulsava

Em minha condição de alma pouco evolvida iniciei, pois, a vida de após a morte, nesse ambiente do espaço (...). Decorrido o tempo inolvidável em que divisara a figura sublime daquele mentor espiritual, que viera caridosamente balsamizar as minhas feridas (...), pressentia o coração pungido pela angústia da distância, que me separava do mundo que eu deixara. Os laços afetivos, os hábitos, os pequeninos nadas de minha existência estavam inteiramente comigo...

Maria João de Deus **(Chico Xavier)**
– Cartas de uma morta – LAKE

02
terça
JUNHO

- 06h
- 07h
- 08h
- 09h
- 10h
- 11h
- 12h
- 13h
- 14h
- 15h
- 16h
- 17h
- 18h
- 19h
- 20h

S	T	Q	**Q**	S	S	**D**	S	T	Q	Q	S	S	**D**	S	T	Q	Q	S	S	**D**	S	T	Q	Q	S	S	**D**	S	T
01	02	03	**04**	05	06	**07**	08	09	10	11	12	13	**14**	15	16	17	18	19	20	**21**	22	23	24	25	26	27	**28**	29	30

anotações

06h	**03**
07h	
08h	**quarta**
	JUNHO
09h	
10h	• Dia da Conscientização Contra a Obesidade Mórbida Infantil
11h	
12h	
13h	
14h	
15h	
16h	
17h	
18h	
19h	
20h	

A obesidade infantil é um grave problema de saúde pública no Brasil, afetando milhões de crianças. Segundo a OMS, 9,4% das meninas e 12,4% dos meninos são obesos. A pandemia intensificou a situação, aumentando o sedentarismo e comprometendo a alimentação. Essa condição pode gerar complicações ao longo da vida, como hipertensão, diabetes e queda no desempenho escolar. Por isso, é crucial a atuação conjunta de familiares – pais, avós – e educadores para incentivar hábitos saudáveis e combater a obesidade infantil.

Rodrigues de Camargo

04
quinta
JUNHO

- Corpus Christi

08h
09h
10h
11h
12h
13h
14h
15h

05
sexta
JUNHO

- Dia da Ecologia
- Dia Mundial do Meio Ambiente

08h
09h
10h
11h
12h
13h
14h
15h
16h
17h
18h
19h
20h

S	T	**Q**	**Q**	S	S	**D**	S	T	Q	Q	S	S	**D**	S	T	Q	Q	S	S	**D**	S	T	Q	Q	S	S	**D**	S	T
01	02	03	**04**	05	06	**07**	08	09	10	11	12	13	**14**	15	16	17	18	19	20	**21**	22	23	24	25	26	27	**28**	29	30

anotações

06 sábado JUNHO

- 08h
- 09h
- 10h
- 11h
- 12h
- 13h
- 14h
- 15h
- 16h
- 17h
- 18h
- 19h
- 20h

07 domingo JUNHO

• Dia da Liberdade de Imprensa

- 08h
- 09h
- 10h
- 11h
- 12h
- 13h
- 14h
- 15h

Lá (na vida do espírito), também, a sociedade se organiza, as suas leis predominam, as famílias se reúnem sob os imperativos das afinidades naturais, luta-se, estuda-se, no amálgama dos sentimentos que caracterizam o homem racional.

Maria João de Deus **(Chico Xavier)**
– Cartas de uma morta – LAKE

A luz é a grande inimiga dos crimes. Na publicidade refulge a luz. A imprensa é a publicidade. Com a imprensa não se podem acomodar, pois, os governos de sangue e força, arbítrio e corrupção, mistério e mentira.

Ruy Barbosa

08
segunda
JUNHO

06h
07h
08h
09h
10h
11h
12h
13h
14h
15h
16h
17h
18h
19h
20h

S	T	Q	**Q**	S	S	**D**	S	T	Q	Q	S	S	**D**	S	T	Q	Q	S	S	**D**	S	T	Q	Q	S	S	**D**	S	T
01	02	03	**04**	05	06	**07**	08	09	10	11	12	13	**14**	15	16	17	18	19	20	**21**	22	23	24	25	26	27	**28**	29	30

anotações

09 — **terça**
JUNHO

- Dia Nacional de Anchieta

| 06h |
| 07h |
| 08h |
| 09h |
| 10h |
| 11h |
| 12h |
| 13h |
| 14h |
| 15h |
| 16h |
| 17h |
| 18h |
| 19h |
| 20h |

Todo Dia 26

A vida é o que fazemos dela. As viagens são os viajantes. O que vemos não é o que vemos, senão o que somos.
Fernando Pessoa

... o despertar varia ao infinito...
A gazela abre os olhos ao canto do pássaro. A pedra, entretanto, somente acorda a explosões de dinamite.
Resta-nos, porém, a confortadora certeza de que, se há milhões de almas anestesiadas nos enganos da carne, já contamos, no mundo, com milhares de companheiros que possuem "ouvidos de ouvir".
***Emmanuel* (Chico Xavier) – Prefácio de Falando à Terra – FEB**

153

10

quarta
JUNHO

	06h
	07h
	08h
	09h
	10h
	11h
	12h
	13h
	14h
	15h
	16h
	17h
	18h
	19h
	20h

S T Q **Q** S S **D** S T Q Q S S **D** S T Q Q S S **D** S T Q Q S S **D** S T
01 02 03 **04** 05 06 **07** 08 09 10 11 12 13 **14** 15 16 17 18 19 20 **21** 22 23 24 25 26 27 **28** 29 30

anotações

11

quinta
JUNHO

06h
07h
08h
09h
10h
11h
12h
13h
14h
15h
16h
17h
18h
19h
20h

No amor a dois não há fórmula exata, mas quando os corações se cativam, a reciprocidade floresce.

O amor é uma construção diária, tecida com respeito, liberdade e individualidade – como uma plantinha que anseia por água e sol.

O casamento é um eterno fluir de carinho e elevação, onde o encanto da convivência, do namoro, se renova a cada amanhecer.
Rodrigues de Camargo

Sejam criativos: Inovem sempre, namorem sempre, fujam da mesmice sempre.

Sejam amorosos: Pelo menos uma vez ao dia digam ao outro uma palavra de carinho.
Carlos A. R. Alves

12

sexta
JUNHO

- Dia dos Namorados

06h
07h
08h
09h
10h
11h
12h
13h
14h
15h
16h
17h
18h
19h
20h

S T Q **Q** S S **D** S T Q Q S S **D** S T Q Q S S **D** S T Q Q S S **D** S T
01 02 03 **04** 05 06 **07** 08 09 10 11 12 13 **14** 15 16 17 18 19 20 **21** 22 23 24 25 26 27 **28** 29 30

anotações

13 sábado
JUNHO

08h	
09h	
10h	
11h	
12h	
13h	
14h	
15h	
16h	
17h	
18h	
19h	
20h	

14 domingo
JUNHO

- Dia Universal de Deus
- Dia Mundial do Doador de Sangue

08h	
09h	
10h	
11h	
12h	
13h	
14h	
15h	

... não fazer o bem já é um mal. Deus quer que pensemos n'Ele, mas não que pensemos apenas n'Ele, pois deu ao homem deveres a cumprir na Terra.

Aquele que se consome na meditação e na contemplação não faz nada digno de mérito aos olhos de Deus, porque sua vida é toda pessoal e inútil à humanidade ...

Allan Kardec – **LE – EME – Q. 657**

O amor é doação

O amor cresce com a doação. O amor que damos é o único que mantemos. A única maneira de ter amor é oferecê-lo aos outros.

Elbert Hubbard

15
segunda
JUNHO

	06h
	07h
	08h
	09h
	10h
	11h
	12h
	13h
	14h
	15h
	16h
	17h
	18h
	19h
	20h

S T **Q** S S **D** S T Q Q S S **D** S T Q Q S S **D** S T Q Q S S **D** S T
01 02 03 **04** 05 06 **07** 08 09 10 11 12 13 **14** 15 16 17 18 19 20 **21** 22 23 24 25 26 27 **28** 29 30

anotações

16

terça

JUNHO

- Dia Internacional da Criança Africana

06h	
07h	
08h	
09h	
10h	
11h	
12h	
13h	
14h	
15h	
16h	
17h	
18h	
19h	
20h	

Dia Internacional da Criança Africana, este dia visa alertar para a situação de violência, exploração e abuso que milhares de crianças africanas sofrem diariamente.

A data foi instituída em 1991, em memória das crianças africanas que morreram no massacre do Soweto, em Joanesburgo, na África do Sul, em 1976.

https://www.google.pt/

O homem perverso instiga a contenda, e o intrigante separa os maiores amigos. O homem violento coage o seu próximo, e o faz deslizar por caminhos nada bons. ...

Provérbios 16:28-30

17

quarta
JUNHO

06h
07h
08h
09h
10h
11h
12h
13h
14h
15h
16h
17h
18h
19h
20h

S	T	**Q**	**Q**	S	S	**D**	S	T	Q	Q	S	S	**D**	S	T	Q	Q	S	S	**D**	S	T	Q	Q	S	S	**D**	S	T
01	02	03	**04**	05	06	**07**	08	09	10	11	12	13	**14**	15	16	17	18	19	20	**21**	22	23	24	25	26	27	**28**	29	30

anotações

18

quinta
JUNHO

06h	
07h	
08h	
09h	
10h	
11h	
12h	
13h	
14h	
15h	
16h	
17h	
18h	
19h	
20h	

A tarefa parece fracassar? Siga adiante trabalhando, que, muitas vezes é necessário sofrer, a fim de que Deus nos atenda à renovação.
Chico Xavier

A democracia permite que criaturas abomináveis conquistem o poder.
Aldous Huxley

O bem que praticas em qualquer lugar será teu advogado em toda parte.
Emmanuel (Chico Xavier)

19
sexta
JUNHO

	06h
	07h
	08h
	09h
	10h
	11h
	12h
	13h
	14h
	15h
	16h
	17h
	18h
	19h
	20h

S T Q **Q** S S **D** S T Q Q S S **D** S T Q Q S S **D** S T Q Q S S **D** S T
01 02 03 **04** 05 06 **07** 08 09 10 11 12 13 **14** 15 16 17 18 19 20 **21** 22 23 24 25 26 27 **28** 29 30

20
sábado
JUNHO

08h
09h
10h
11h
12h
13h
14h
15h
16h
17h
18h
19h
20h

21
domingo
JUNHO

• Início do Inverno

08h
09h
10h
11h
12h
13h
14h
15h

Cada dia, cada mês, cada ano que passa é um a menos em nosso tempo nessa estação. Cada aniversário é mais uma primavera que se comemora, mas também tem o verão, o outono e o inverno que chega.

Para cargo público e trabalho voluntário social, o que faz a diferença é o amor — amor que é comprometimento, dever.

Rodrigues de Camargo

O Pai não suprime o inverno, porque alguns dos Seus filhos se queixam do frio, mas equilibra a situação, dando-lhes coberturas.

... em todas as coisas, o homem deverá reconhecer que o uso é compreensível na Lei.

Emmanuel (Chico Xavier) – Pão nosso – FEB

22
segunda
JUNHO

06h
07h
08h
09h
10h
11h
12h
13h
14h
15h
16h
17h
18h
19h
20h

S T Q **Q** S S **D** S T Q Q S S **D** S T Q Q S S **D** S T Q Q S S **D** S T
01 02 03 **04** 05 06 **07** 08 09 10 11 12 13 **14** 15 16 17 18 19 20 **21** 22 23 24 25 26 27 **28** 29 30

06h	
07h	
08h	**23**
	terça
	JUNHO
09h	
10h	• Dia do Atleta Olímpico
11h	
12h	
13h	
14h	
15h	
16h	
17h	
18h	
19h	
20h	

A palavra atleta vem do grego e significa uma pessoa que pratica esportes, ou que tem capacidade física (como força, resistência ou agilidade) acima da média. Na Antiguidade, atleta era aquele que combatia nos jogos solenes da Grécia e Roma.

Atualmente, a palavra se refere principalmente à pessoa que pratica atletismo ou que participa dos Jogos Olímpicos. Mas não é necessário ser como o rei Pelé para ser um atleta. Atleta amador é aquela pessoa que pratica esportes por prazer e não para competir profissionalmente.

https://educacao.uol.com.br/

24
quarta
JUNHO

06h
07h
08h
09h
10h
11h
12h
13h
14h
15h
16h
17h
18h
19h
20h

S	T	Q	**Q**	S	S	**D**	S	T	Q	Q	S	S	**D**	S	T	Q	Q	S	S	**D**	S	T	Q	Q	S	S	**D**	S	T
01	02	03	**04**	05	06	**07**	08	09	10	11	12	13	**14**	15	16	17	18	19	20	**21**	22	23	24	25	26	27	**28**	29	30

06h	**25**
07h	
08h	**quinta**
09h	JUNHO
10h	
11h	
12h	
13h	
14h	
15h	
16h	
17h	
18h	
19h	
20h	

As drogas afastam amigos e privam a família de conviver e de se alegrar. Mas é justamente o diálogo em família, a informação e o amor que são essenciais na prevenção ao uso e ao abuso de álcool e outras drogas.

Mito e verdade

A maconha queima os neurônios?

A maconha altera as relações entre os neurônios e causa perdas funcionais graves no cérebro, que por sua vez podem afetar o ânimo, a memória e o raciocínio.

Fumar maconha durante a gravidez é perigoso?

É perigoso para o feto em seu desenvolvimento, tanto quanto o álcool e o fumo (vape).

Rodrigues de Camargo

26

sexta

JUNHO

- Dia Internacional Contra o Abuso e Tráfico Ilícito de Drogas

06h
07h
08h
09h
10h
11h
12h
13h
14h
15h
16h
17h
18h
19h
20h

S	T	Q	**Q**	S	S	**D**	S	T	Q	Q	S	S	**D**	S	T	Q	Q	S	S	**D**	S	T	Q	Q	S	S	**D**	S	T
01	02	03	**04**	05	06	**07**	08	09	10	11	12	13	**14**	15	16	17	18	19	20	**21**	22	23	24	25	26	27	**28**	29	30

anotações

27 — sábado — JUNHO

- Dia Nacional do Progresso

Horários: 08h – 20h

28 — domingo — JUNHO

- Dia da Renovação Espiritual

Horários: 08h – 15h

Olvide o pessimismo e o mau agouro.
Recorde que a marcha do progresso é inexorável.
André Luiz (Chico Xavier e Waldo Vieira) – O Espírito da verdade – FEB

O livro penetra sem alarde os santuários da arte e da cultura, da sublimação e do progresso.
***Emmanuel* (Chico Xavier) – Cartas do coração – LAKE**

Reforma íntima: duas palavras que enfeixam numerosos apelos à sublimação espiritual. Não te enganes, porém.

Em nos referindo a esse imperativo da vida, coloquemo-nos todos na órbita de semelhante necessidade.

***Meimei* (Chico Xavier) – Sentinelas da alma – IDEAL**

29
segunda
JUNHO

- 06h
- 07h
- 08h
- 09h
- 10h
- 11h
- 12h
- 13h
- 14h
- 15h
- 16h
- 17h
- 18h
- 19h
- 20h

S	T	Q	**Q**	S	S	**D**	S	T	Q	Q	S	S	**D**	S	T	Q	Q	S	S	**D**	S	T	Q	Q	S	S	**D**	S	T
01	02	03	**04**	05	06	**07**	08	09	10	11	12	13	**14**	15	16	17	18	19	20	**21**	22	23	24	25	26	27	**28**	29	30

anotações

06h	
07h	
08h	**30** terça JUNHO
09h	
10h	
11h	
12h	
13h	
14h	
15h	
16h	
17h	
18h	
19h	
20h	

A pior forma de desigualdade é tentar fazer coisas iguais diferentes.
Aristóteles **(influenciado pelo estoicismo)**

Não somos perturbados pelas coisas, mas pela visão que temos delas.
Epicteto

Porta estreita
Jamais deverá soar em teu coração
Como esperança desfeita.
Portanto, trabalha e aceita a prova
Como Divina Receita.
André Luiz **(Luiz Fernando)**
– Ensaio de gratidão – EME

QUANTO PUDERES

Quanto puderes, não te afastes do lar, ainda mesmo quando o lar te pareça inquietante fornalha de fogo e aflição.

Quanto te seja possível, suporta a esposa incompreensiva e exigente, ainda mesmo quando surja aos teus olhos por empecilho à felicidade.

Quanto estiver ao teu alcance, tolera o companheiro áspero ou indiferente, ainda mesmo quando compareça ao teu lado, por adversário de tuas melhores esperanças.

Quanto puderes, não abandones o filho impermeável aos teus bons exemplos e aos teus sadios conselhos, ainda mesmo quando se te afigure acabado modelo de ingratidão.

Quanto te seja possível, suporta o irmão que se fez cego e surdo aos teus mais elevados testemunhos no bem, ainda mesmo quando se destaque por inexcedível representante do egoísmo e da vaidade.

Quanto estiver ao teu alcance, tolera o chefe atrabiliário, o colega leviano, o parente desagradável, ou o amigo menos simpático, ainda mesmo quando escarneçam de tuas melhores aspirações.

Apaga a fogueira da impulsividade que nos impele aos atos impensados ou à queixa descabida e avancemos para diante arrimados à tolerância porque se hoje não conseguimos realizar a tarefa que o senhor nos confiou, a ela tornaremos amanhã com maiores dificuldades para a necessária recapitulação.

Não vale a fuga que complica os problemas, ao invés de simplificá-los.

Aceitemos o combate em nós mesmos, reconhecendo que a disciplina antecede a espontaneidade.

Não há purificação sem burilamento, como não há metal acrisolado sem cadinho esfogueante.

A educação é obra de sacrifício no espaço e no tempo, e atendendo à Divina Sabedoria, – que jamais nos situa uns à frente dos outros sem finalidade de serviço e reajustamento para a vitória do amor –, amemos nossas cruzes por mais pesadas e espinhosas que sejam, nelas recebendo as nossas mais altas e mais belas lições.

Emmanuel (Chico Xavier) – Coragem – CEC

JULHO 2026

ANOTAÇÕES IMPORTANTES | viagens | cursos | reuniões | aniversários | provas | trabalhos | contas

1. ___
2. ___
3. ___
4. ___
5. ___
6. ___
7. ___
8. ___
9. ___
10. ___
11. ___
12. ___
13. ___
14. ___
15. ___
16. ___
17. ___
18. ___
19. ___
20. ___
21. ___
22. ___
23. ___
24. ___
25. ___
26. ___
27. ___
28. ___
29. ___
30. ___
31. ___

01 quarta
JULHO

- Dia Mundial da Arquitetura

06h
07h
08h
09h
10h
11h
12h
13h
14h
15h
16h
17h
18h
19h
20h

Nesse dia, celebramos a arte que molda nossos lares e destinos. Desde os tempos dos nossos antepassados indígenas, que erguiam a "taba" com simplicidade e sabedoria, até os arranha-céus modernos, a arquitetura tem sido a expressão do engenho humano. Assim como as moradias e cidades foram planejadas por arquitetos, também somos os arquitetos do nosso destino. Não devemos cobrar do Poder Superior, pois a realização dos nossos sonhos depende, em última análise, das construções que erguemos em nosso dia a dia.

Rodrigues de Camargo

02

quinta

JULHO

- Dia do Hospital
- Dia do Bombeiro Brasileiro

06h
07h
08h
09h
10h
11h
12h
13h
14h
15h
16h
17h
18h
19h
20h

Q	Q	S	S	**D**	S	T	Q	Q	S	S	**D**	S	T	Q	Q	S	S	**D**	S	T	Q	Q	S	S	**D**	S	T	Q	Q	S
01	02	03	04	**05**	06	07	08	09	10	11	**12**	13	14	15	16	17	18	**19**	20	21	22	23	24	25	**26**	27	28	29	30	31

anotações

03

sexta
JULHO

- Dia Nacional de Combate à Discriminação Racial

06h	
07h	
08h	
09h	
10h	
11h	
12h	
13h	
14h	
15h	
16h	
17h	
18h	
19h	
20h	

A data foi escolhida em homenagem à Lei Afonso Arinos, aprovada em 1951, que tornou a discriminação racial uma contravenção penal, a primeira no Brasil que tratou como crime, passível de prisão e multa, as práticas de discriminação por raça e cor. Ao longo dos anos a legislação foi se ampliando, que prevê punição a todo tipo de discriminação ou preconceito incluindo questões como origem, sexo e idade. Em 2023 a Lei do Crime Racial tipificando a injúria racial entrou na lista dos atos discriminatórios.

https://www.gov.br/ebserh/pt-br/

04
sábado
JULHO

08h
09h
10h
11h
12h
13h
14h
15h
16h
17h
18h
19h
20h

05
domingo
JULHO

08h
09h
10h
11h
12h
13h
14h
15h

Q	Q	S	S	**D**	S	T	Q	Q	S	S	**D**	S	T	Q	Q	S	S	**D**	S	T	Q	Q	S	S	**D**	S	T	Q	Q	S
01	02	03	04	**05**	06	07	08	09	10	11	**12**	13	14	15	16	17	18	**19**	20	21	22	23	24	25	**26**	27	28	29	30	31

anotações

06h	
07h	
08h	
09h	
10h	
11h	
12h	
13h	
14h	
15h	
16h	
17h	
18h	
19h	
20h	

06
segunda
JULHO

Aquele cuja afabilidade e doçura não são fingidas nunca é desmentida. Ele é o mesmo para o mundo e na intimidade. Sabe que é possível enganar os homens pelas aparências, mas não se engana a Deus.
Lázaro – ESE – Editora EME

... se há alguma virtude, e se há algum louvor, nisso pensei.
***Paulo* (Filipenses 4:18)**

No caminho pedregoso, não atire calhaus nos outros. Transforme os calhaus em obras úteis.
***André Luiz* (Chico Xavier) – Agenda cristã – FEB**

07
terça
JULHO

	06h
	07h
	08h
	09h
	10h
	11h
	12h
	13h
	14h
	15h
	16h
	17h
	18h
	19h
	20h

Q Q S S **D** S T Q Q S S **D** S T Q Q S S **D** S T Q Q S S **D** S T Q Q S
01 02 03 04 **05** 06 07 08 09 10 11 **12** 13 14 15 16 17 18 **19** 20 21 22 23 24 25 **26** 27 28 29 30 31

anotações

08
quarta
JULHO

06h	
07h	
08h	
09h	
10h	
11h	
12h	
13h	
14h	
15h	
16h	
17h	
18h	
19h	
20h	

A alma imortal, ao se separar do corpo carnal no Reino de Deus após a morte, experimenta percepções ampliadas para as realidades espirituais e revisita suas memórias imperecíveis para avaliá-las.

Chico Xavier nos ensina que, na Terra, tudo é ilusão. Tudo passa, tudo se transforma de um instante para outro. O que realmente importa é o que guardamos dentro de nós. Precisamos cultivar a alegria, confiar em Deus e amar nossos semelhantes. No momento da morte, nada terá mais valor do que uma consciência tranquila!

Geziel Andrade

09
quinta
JULHO

	06h
	07h
	08h
	09h
	10h
	11h
	12h
	13h
	14h
	15h
	16h
	17h
	18h
	19h
	20h

Q Q S S **D** S T Q Q S S **D** S T Q Q S S **D** S T Q Q S S **D** S T Q Q S
01 02 03 04 **05** 06 07 08 09 10 11 **12** 13 14 15 16 17 18 **19** 20 21 22 23 24 25 **26** 27 28 29 30 31

anotações

10

sexta
JULHO

- Dia Mundial da Lei

06h
07h
08h
09h
10h
11h
12h
13h
14h
15h
16h
17h
18h
19h
20h

A misericórdia de Deus é infinita, sem dúvida, mas não é cega.

Para recebê-la são necessários o arrependimento, a expiação e a reparação. O culpado ao qual Deus perdoa não está dispensado e, enquanto não tiver preenchido as condições, sofrerá as consequências de suas faltas.

Por misericórdia infinita, é preciso compreender que Deus não é inexorável, deixando sempre aberta a porta para o retorno ao bem.

Allan Kardec – O Céu e o Inferno
– parte I, capítulo VII, item 29 – Editora EME

11
sábado
JULHO

08h
09h
10h
11h
12h
13h
14h
15h
16h
17h
18h
19h
20h

12
domingo
JULHO

08h
09h
10h
11h
12h
13h
14h
15h

Q	Q	S	S	**D**	S	T	Q	Q	S	S	**D**	S	T	Q	Q	S	S	**D**	S	T	Q	Q	S	S	**D**	S	T	Q	Q	S
01	02	03	04	**05**	06	07	08	09	10	11	**12**	13	14	15	16	17	18	**19**	20	21	22	23	24	25	**26**	27	28	29	30	31

anotações

06h	
07h	
08h	**13**
	segunda
	JULHO
09h	
10h	
11h	
12h	
13h	
14h	
15h	
16h	
17h	
18h	
19h	
20h	

Quando perguntaram ao médium o que fazer para nos livrar dos pensamentos negativos, Chico, evidenciando conhecimentos psicológicos atualíssimos, respondeu:

– Você não pode evitar que as aves de rapina voem ao redor de sua cabeça, mas não permita que elas façam ninhos em seus cabelos...

Luiz A. Millecco

Quando de consciência inclinada para o bem ou para o mal perpetramos esse ou aquele delito no mundo, realmente podemos ferir ou prejudicar alguém, mas, antes de tudo, ferimos e prejudicamos a nós mesmos.

André Luiz **(Chico Xavier)**
– Entre a Terra e o céu – FEB

14

terça
JULHO

	06h
	07h
	08h
	09h
	10h
	11h
	12h
	13h
	14h
	15h
	16h
	17h
	18h
	19h
	20h

Q Q S S **D** S T Q Q S S **D** S T Q Q S S **D** S T Q Q S S **D** S T Q Q S
01 02 03 04 **05** 06 07 08 09 10 11 **12** 13 14 15 16 17 18 **19** 20 21 22 23 24 25 **26** 27 28 29 30 31

anotações

06h	
07h	**15**
08h	**quarta**
09h	JULHO
10h	• Dia do Homem
11h	
12h	
13h	
14h	
15h	
16h	
17h	
18h	
19h	
20h	

Ninguém, além de você, está no controle da sua felicidade. Portanto, ajuste as velas e corrija o rumo!
Márcio Kühne

Um homem nunca deve sentir vergonha de admitir que errou, o que é apenas dizer, noutros termos, que hoje ele é mais inteligente do que era ontem.
Alexander Pope

Não erreis: Deus não se deixa escarnecer; porque tudo o que o homem semear, isso também ceifará.

Porque o que semeia na sua carne, da carne ceifará a corrupção; mas o que semeia no espírito, do espírito ceifará a vida eterna.
Paulo **(Gálatas 6:7-8)**

16

quinta

JULHO

Q	Q	S	S	**D**	S	T	Q	Q	S	S	**D**	S	T	Q	Q	S	S	**D**	S	T	Q	Q	S	S	**D**	S	T	Q	Q	S
01	02	03	04	**05**	06	07	08	09	10	11	**12**	13	14	15	16	17	18	**19**	20	21	22	23	24	25	**26**	27	28	29	30	31

- 06h
- 07h
- 08h
- 09h
- 10h
- 11h
- 12h
- 13h
- 14h
- 15h
- 16h
- 17h
- 18h
- 19h
- 20h

anotações

17

sexta
JULHO

• Dia de Proteção às Florestas

06h	
07h	
08h	
09h	
10h	
11h	
12h	
13h	
14h	
15h	
16h	
17h	
18h	
19h	
20h	

Ao contemplar uma floresta, lembramos que ela surgiu de pequenas sementes espalhadas.

As maiores árvores também começaram do chão, ensinando-nos a cultivar a humildade diariamente, pois em cada semente há a promessa de uma nova colheita.

As virtudes, como a bondade e o amor, nascem de pequenos gestos, assim como flores que enfeitam qualquer lugar.

Não busquemos destaque, mas a humildade, pois até a árvore mais imponente mantém suas raízes no chão.

Rodrigues de Camargo

18
sábado
JULHO

08h
09h
10h
11h
12h
13h
14h
15h
16h
17h
18h
19h
20h

19
domingo
JULHO

- Dia da Caridade

08h
09h
10h
11h
12h
13h
14h
15h

Q	Q	S	S	**D**	S	T	Q	Q	S	S	**D**	S	T	Q	Q	S	S	**D**	S	T	Q	Q	S	S	**D**	S	T	Q	Q	S
01	02	03	04	**05**	06	07	08	09	10	11	**12**	13	14	15	16	17	18	**19**	20	21	22	23	24	25	**26**	27	28	29	30	31

anotações

20
segunda
JULHO

- Dia do Amigo
- Dia Internacional da Amizade

06h
07h
08h
09h
10h
11h
12h
13h
14h
15h
16h
17h
18h
19h
20h

As almas afins se engrandecem constantemente repartindo as suas alegrias e os seus dons com a Humanidade inteira, não existindo limitações para o amor, embora seja ele também a luz divina a expressar-se em graus diferentes nas variadas esferas da vida.

Façamos da caridade o pão espiritual da vida.

Chico Xavier

Se a caridade reinasse na Terra, o mal não mais dominaria. Fugiria envergonhado e esconder-se-ia, pois iria sentir-se deslocado em todos os lugares.

Pascal – **ESE – Editora EME**

21
terça
JULHO

06h
07h
08h
09h
10h
11h
12h
13h
14h
15h
16h
17h
18h
19h
20h

Q	Q	S	S	**D**	S	T	Q	Q	S	S	**D**	S	T	Q	Q	S	S	**D**	S	T	Q	Q	S	S	**D**	S	T	Q	Q	S
01	02	03	04	**05**	06	07	08	09	10	11	**12**	13	14	15	16	17	18	**19**	20	21	22	23	24	25	**26**	27	28	29	30	31

anotações

06h	
07h	**22**
08h	**quarta**
	JULHO
09h	
10h	• Dia Mundial do Cérebro
11h	
12h	
13h	
14h	
15h	
16h	
17h	
18h	
19h	
20h	

Perguntaram ao sábio (Galileu Galilei), com seus mais de 70 anos, quantos anos ele tinha; ele respondeu que devia ter de 8 a 10.

Ao pedir explicação, o Mestre disse que possuía apenas os anos que lhe restavam viver, pois os já vividos já não lhe pertenciam, como moedas gastas que não estão em seu bolso.

Sabedoria é quando o conhecimento é aplicado para melhorar a vida... nossa, da família, dos amigos e da sociedade.

Rodrigues de Camargo
(adaptação de texto)

23
quinta
JULHO

06h
07h
08h
09h
10h
11h
12h
13h
14h
15h
16h
17h
18h
19h
20h

Q	Q	S	S	**D**	S	T	Q	Q	S	S	**D**	S	T	Q	Q	S	S	**D**	S	T	Q	Q	S	S	**D**	S	T	Q	Q	S
01	02	03	04	**05**	06	07	08	09	10	11	**12**	13	14	15	16	17	18	**19**	20	21	22	23	24	25	**26**	27	28	29	30	31

anotações

06h	
07h	
08h	**sexta**
	JULHO
09h	
10h	
11h	
12h	
13h	
14h	
15h	
16h	
17h	
18h	
19h	
20h	

24

(...) Comandos e ordenanças, companheiros e inspetores são os parentes e amigos.

As suas armas eficientes e, das mais importantes, são o amor e a humildade, o conhecimento e a paciência.

Ordens a observar: trabalhar e servir.

Programa diário: amar o próximo como a si mesmo.

Sinal de promoção: dever cumprido.

Marca de vitória: alegria interior com a bênção de Deus que nenhuma palavra do mundo consegue traduzir.

André Luiz (Chico Xavier) – Busca e acharás – IDEAL

25
sábado
JULHO

08h
09h
10h
11h
12h
13h
14h
15h
16h
17h
18h
19h
20h

26
domingo
JULHO

08h
09h
10h
11h
12h
13h
14h
15h

Q	Q	S	S	**D**	S	T	Q	Q	S	S	**D**	S	T	Q	Q	S	S	**D**	S	T	Q	Q	S	S	**D**	S	T	Q	Q	S
01	02	03	04	**05**	06	07	08	09	10	11	**12**	13	14	15	16	17	18	**19**	20	21	22	23	24	25	**26**	27	28	29	30	31

anotações

06h
07h
08h
09h
10h
11h
12h
13h
14h
15h
16h
17h
18h
19h
20h

27
segunda
J U L H O

É importante que você sempre se lembre de que ser feliz não é ter um céu sem tempestades, caminhos sem acidentes, trabalhos sem fadigas, ou relacionamentos sem decepções. Ser feliz é encontrar força no perdão e esperança nas batalhas.

Autor desconhecido

A fama é um vapor; a popularidade, um acidente; e a riqueza tem asas. Eterno mesmo é somente o caráter.

Dexter

A vida é um hospital onde quase tudo falta. Por isso, ninguém te cura; morrer é que é ter alta.

Fernando Pessoa

28
terça
JULHO

06h
07h
08h
09h
10h
11h
12h
13h
14h
15h
16h
17h
18h
19h
20h

Q Q S S **D** S T Q Q S S **D** S T Q Q S S **D** S T Q Q S S **D** S T Q Q S
01 02 03 04 **05** 06 07 08 09 10 11 **12** 13 14 15 16 17 18 **19** 20 21 22 23 24 25 **26** 27 28 29 30 31

anotações

29

quarta

JULHO

06h
07h
08h
09h
10h
11h
12h
13h
14h
15h
16h
17h
18h
19h
20h

Sabei que a felicidade, como a entendeis, é uma ficção. Vivei sábia e santamente, no espírito da caridade e do amor, e estareis preparados para as impressões que vossos maiores poetas seriam incapazes de descrever.

***Allan Kardec* – O Céu e o Inferno – Relato do espírito Sanson – Editora EME**

Querido Deus, não sei como você consegue amar todas as criaturas, em casa somos em quatro e não conseguimos nos entender.

***Nan,* criança inglesa**

30
quinta
JULHO

06h
07h
08h
09h
10h
11h
12h
13h
14h
15h
16h
17h
18h
19h
20h

Q Q S S **D** S T Q Q S S **D** S T Q Q S S **D** S T Q Q S S **D** S T Q Q S
01 02 03 04 **05** 06 07 08 09 10 11 **12** 13 14 15 16 17 18 **19** 20 21 22 23 24 25 **26** 27 28 29 30 31

anotações

31

sexta

JULHO

06h
07h
08h
09h
10h
11h
12h
13h
14h
15h
16h
17h
18h
19h
20h

Bezerra de Menezes tinha uma fé e uma prática social semelhantes às da grande benfeitora Madre Teresa de Calcutá. Esta nada pedia a ninguém, nem mesmo a reforma interior de seus beneficiados, o que conseguia, às vezes, pela força do exemplo que dava.

Luiz Gonzaga Pinheiro – O amor está entre nós – Editora EME

O importante não é aquilo que fazem de nós, mas o que nós mesmos fazemos do que os outros fazem de nós.

Jean Paul Sartre

PRINCÍPIOS ESPÍRITAS

(Deus, inteligência suprema do Universo)

P) Deus não é as próprias Leis Universais?

– A visão antropomórfica de Deus nas religiões tradicionais costuma traduzir o automatismo da Lei Divina (didaticamente dividida em dez no Terceiro Livro, de *O Livro dos Espíritos*) como sendo a ação direta do próprio Deus.

Na verdade, o Criador estabeleceu leis para a manutenção da harmonia universal, em que o progresso é a sua dinâmica e o amor o seu combustível. Essas leis se aplicam de forma natural e espontânea, embora, sempre que necessário e plausível (com o objetivo de acelerar o progresso), os espíritos superiores, na condição de mensageiros de Deus, têm permissão para manipular essas leis, tornando-as mais específicas e pessoais.

Deus, no entanto, não permanece indiferente à ação compulsória das Suas leis, pois abarca com o Seu pensamento a todos os universos, agindo sobre nós, através da Providência Divina.

Então, ainda aqui, tomar Deus pelas Suas leis é o mesmo que tomar o efeito pela causa.

As leis divinas são imutáveis porque são perfeitas, expressão da Infinita Perfeição.

Assim como entre nós, o legislador cria a lei, mas não é a lei. Deus é o legislador divino, o criador dessas leis regentes dos universos.

Francisco Cajazeiras
– Evolução da ideia sobre Deus – Editora EME

Notas Espirituais

SEGUE ADIANTE

Nos encargos a que te prendes, em muitas ocasiões, sentes a amplitude dos problemas a resolver e o coração se te transborda de lágrimas...

A solidão aparente no íntimo como que exagera a extensão dos obstáculos a transpor.

E meditas no preço alto da dedicação em família, mentalizando as horas gastas em construir e reconstruir afeições que fogem no carro do tempo, largando-te aos ideais que te acalentam os dias; reflétes nas dificuldades que se renovam, no trabalho tantas vezes encharcado de pranto a que te entregas, atendendo aos deveres assumidos e nos planos alterados, em que sonhaste o melhor para alcançar tão somente fracasso e recomeço...

Entretanto, ergue-te do chão da tristeza, age no bem que possas fazer e caminha adiante.

Deus em nós é a força da vida e a luz inextinguível.

Corações difíceis a conduzir, calvários domésticos, seáras de esperança, oficinas de beneficência e apostolados no bem são tarefas que, a Sabedoria Divina poderia executar claramente sem ti, no entanto, quis Deus a tua cooperação nas obras da sublimação e do progresso, a fim de que venhas a desenvolver nesse esforço as tuas qualidades divinas.

Por mais constrangedoras as circunstâncias, serve e segue adiante.

Onde te encontres e como te encontres, recorda que Deus conta contigo, tanto quanto contas com Deus.

Meimei (Chico Xavier) – Amizade – Ideal

AGOSTO 2026

ANOTAÇÕES IMPORTANTES | viagens | cursos | reuniões | aniversários | provas | trabalhos | contas

1 _____
2 _____
3 _____
4 _____
5 _____
6 _____
7 _____
8 _____
9 _____
10 _____
11 _____
12 _____
13 _____
14 _____
15 _____
16 _____
17 _____
18 _____
19 _____
20 _____
21 _____
22 _____
23 _____
24 _____
25 _____
26 _____
27 _____
28 _____
29 _____
30 _____
31 _____

01 sábado AGOSTO

- Dia Mundial da Amamentação

| 08h |
| 09h |
| 10h |
| 11h |
| 12h |
| 13h |
| 14h |
| 15h |
| 16h |
| 17h |
| 18h |
| 19h |
| 20h |

02 domingo AGOSTO

| 08h |
| 09h |
| 10h |
| 11h |
| 12h |
| 13h |
| 14h |
| 15h |

Descerra, antes de tudo, as portas da tua alma e deixa que o teu sentimento fulgure para todos, à maneira de um astro cujos raios iluminem, balsamizem, alimentem e aqueçam...

A chuva, derramando-se em gotas, fertiliza o solo e sustenta bilhões de vidas.

Emmanuel (Chico Xavier) – Fonte viva – FEB

Muitas vezes em aula, quando criança, ouvia vozes dos espíritos ou sentia mãos sobre as minhas mãos que eu sentia vivas, guiando meus movimentos de escrita, sem que os outros as vissem. Isso me criava muitos constrangimentos.

Chico Xavier

03
segunda
AGOSTO

06h
07h
08h
09h
10h
11h
12h
13h
14h
15h
16h
17h
18h
19h
20h

S	**D**	S	T	Q	Q	S	S	**D**	S	T	Q	Q	S	S	**D**	S	T	Q	Q	S	S	**D**	S	T	Q	Q	S	S	**D**	S
01	**02**	03	04	05	06	07	08	**09**	10	11	12	13	14	15	**16**	17	18	19	20	21	22	**23**	24	25	26	27	28	29	**30**	31

anotações

04
terça
AGOSTO

06h	
07h	
08h	
09h	
10h	
11h	
12h	
13h	
14h	
15h	
16h	
17h	
18h	
19h	
20h	

Aprendi que o tempo cura, que mágoa passa, que decepção não mata, que hoje é reflexo de ontem, que os verdadeiros amigos permanecem e que os falsos, graças a Deus, vão embora. Compreendi que as palavras têm força, que o olhar não mente e que viver é aprender com os erros. Aprendi que tudo depende da vontade, que o melhor é ser nós mesmos e que o segredo da vida é viver!

Clarice Lispector

As leis são um freio para os crimes públicos – a religião para os crimes secretos.

Rui Barbosa

05
quarta
AGOSTO

06h
07h
08h
09h
10h
11h
12h
13h
14h
15h
16h
17h
18h
19h
20h

| S | **D** | S | T | Q | Q | S | S | **D** | S | T | Q | Q | S | S | **D** | S | T | Q | Q | S | S | **D** | S | T | Q | Q | S | S | **D** | S |
| 01 | **02** | 03 | 04 | 05 | 06 | 07 | 08 | **09** | 10 | 11 | 12 | 13 | 14 | 15 | **16** | 17 | 18 | 19 | 20 | 21 | 22 | **23** | 24 | 25 | 26 | 27 | 28 | 29 | **30** | 31 |

anotações

06
quinta
AGOSTO

06h
07h
08h
09h
10h
11h
12h
13h
14h
15h
16h
17h
18h
19h
20h

Somos um povo, isto é, um conjunto de cidadãos ligados, não apenas por interesses materiais, mas por valores éticos e espirituais.
Juscelino Kubitschek

Acho possível que um indivíduo contemplando a Terra, se torne ateu. Parece-me inconcebível que, esse mesmo indivíduo, ao olhar para o céu, possa dizer que não existe um Criador.
Abrahão Lincoln

Se choras porque perdeste o sol, as lágrimas não te deixarão ver as estrelas.
Rabindranath Tagore

07
sexta
AGOSTO

06h
07h
08h
09h
10h
11h
12h
13h
14h
15h
16h
17h
18h
19h
20h

S	**D**	S	T	Q	Q	S	S	**D**	S	T	Q	Q	S	S	**D**	S	T	Q	Q	S	S	**D**	S	T	Q	Q	S	S	**D**	S
01	**02**	03	04	05	06	07	08	**09**	10	11	12	13	14	15	**16**	17	18	19	20	21	22	**23**	24	25	26	27	28	29	**30**	31

anotações

08 sábado AGOSTO

- 08h
- 09h
- 10h
- 11h
- 12h
- 13h
- 14h
- 15h
- 16h
- 17h
- 18h
- 19h
- 20h

• Dia Nacional de Combate ao Colesterol

09 domingo AGOSTO

- 08h
- 09h
- 10h
- 11h
- 12h
- 13h
- 14h
- 15h

• Dia dos Pais

Os nossos pais amam-nos porque somos seus filhos, é um fato inalterável. Nos momentos de sucesso, isso pode parecer irrelevante, mas nas ocasiões de fracasso, oferecem um consolo e uma segurança que não se encontram em qualquer outro lugar.
Bertrand Russell

Os pais somente podem dar bons conselhos e indicar bons caminhos, mas a formação final do caráter de uma pessoa está em suas próprias mãos.
Anne Frank

10
segunda
AGOSTO

06h
07h
08h
09h
10h
11h
12h
13h
14h
15h
16h
17h
18h
19h
20h

| S | **D** | S | T | Q | Q | S | S | **D** | S | T | Q | Q | S | S | **D** | S | T | Q | Q | S | S | **D** | S | T | Q | Q | S | S | **D** | S |
| 01 | **02** | 03 | 04 | 05 | 06 | 07 | 08 | **09** | 10 | 11 | 12 | 13 | 14 | 15 | **16** | 17 | 18 | 19 | 20 | 21 | 22 | **23** | 24 | 25 | 26 | 27 | 28 | 29 | **30** | 31 |

anotações

11

terça

AGOSTO

- Dia do Advogado e do Magistrado
- Dia do Estudante

06h
07h
08h
09h
10h
11h
12h
13h
14h
15h
16h
17h
18h
19h
20h

O advogado pouco vale nos tempos calmos; o seu grande papel é quando precisa arrostar o poder dos déspotas, apresentando perante os tribunais o caráter supremo dos povos livres.

Rui Barbosa

O amor, porém, é a luz inextinguível.

A caridade jamais se acaba.

O bem que praticares, em algum lugar, é teu advogado em toda parte.

Através do amor que nos eleva, o mundo se aprimora. Ama, pois, em Cristo, e alcançarás a glória eterna.

Emmanuel **(Chico Xavier) – Vinha de luz – FEB**

12

quarta
AGOSTO

	06h
	07h
	08h
	09h
	10h
	11h
	12h
	13h
	14h
	15h
	16h
	17h
	18h
	19h
	20h

S **D** S T Q Q S S **D** S T Q Q S S **D** S T Q Q S S **D** S T Q Q S S **D** S
01 **02** 03 04 05 06 07 08 **09** 10 11 12 13 14 15 **16** 17 18 19 20 21 22 **23** 24 25 26 27 28 29 **30** 31

anotações

06h	
07h	
08h	
09h	
10h	
11h	
12h	
13h	
14h	
15h	
16h	
17h	
18h	
19h	
20h	

13

quinta
AGOSTO

- Dia Nacional do Médico Psiquiatra

Merecemos respeito, independente de qual profissão você está exercendo, seja ele, como professor, médico, veterinário, biólogo, engenheiro civil, biomédico, advogado, jornalista, empresário, gari, secretária do lar, merendeira, vendedor, catador de lixo etc. O que realmente importa, não é ter e poder, é ser como criatura humana, aprendendo sempre a respeitar as diferenças e sabendo que todas as profissões que estamos exercendo têm sua importância e seu valor e devem ser respeitadas...

Rui Barbosa

14
sexta
AGOSTO

- 06h
- 07h
- 08h
- 09h
- 10h
- 11h
- 12h
- 13h
- 14h
- 15h
- 16h
- 17h
- 18h
- 19h
- 20h

S	**D**	S	T	Q	Q	S	S	**D**	S	T	Q	Q	S	S	**D**	S	T	Q	Q	S	S	**D**	S	T	Q	Q	S	S	**D**	S
01	**02**	03	04	05	06	07	08	**09**	10	11	12	13	14	15	**16**	17	18	19	20	21	22	**23**	24	25	26	27	28	29	**30**	31

anotações

15 sábado AGOSTO

• Dia dos Solteiros

| 08h |
| 09h |
| 10h |
| 11h |
| 12h |
| 13h |
| 14h |
| 15h |
| 16h |
| 17h |
| 18h |
| 19h |
| 20h |

16 domingo AGOSTO

| 08h |
| 09h |
| 10h |
| 11h |
| 12h |
| 13h |
| 14h |
| 15h |

(Aos muitos corações que permanecem ligados aos entes queridos, mantendo-se solteiros).

Devotar-se não é crime... O amor é luz de Deus, ainda mesmo quando resplandeça no fundo do abismo.

André Luiz/ Ismália **(Chico Xavier) / – Os mensageiros – FEB**

Quando uma porta da felicidade se fecha, outra se abre, mas costumamos ficar olhando tanto tempo para a que se fechou que não vemos a que se abriu.

Helen Keller

17
segunda
AGOSTO

06h
07h
08h
09h
10h
11h
12h
13h
14h
15h
16h
17h
18h
19h
20h

S	**D**	S	T	Q	Q	S	S	**D**	S	T	Q	Q	S	S	**D**	S	T	Q	Q	S	S	**D**	S	T	Q	Q	S	S	**D**	S
01	**02**	03	04	05	06	07	08	**09**	10	11	12	13	14	15	**16**	17	18	19	20	21	22	**23**	24	25	26	27	28	29	**30**	31

anotações

18
terça
AGOSTO

06h
07h
08h
09h
10h
11h
12h
13h
14h
15h
16h
17h
18h
19h
20h

O criminoso nunca consegue fugir da verdadeira justiça universal, porque carrega o crime cometido, em qualquer parte. Tanto nos círculos carnais, como na vida espiritual, a paisagem real do espírito é a do campo interior. Viveremos, de fato, com as criações mais íntimas de nossa alma.
André Luiz (Chico Xavier) – Os mensageiros – FEB

Se as cidades forem destruídas e os campos preservados, aquelas logo serão reconstruídas; ao contrário, se os campos forem destruídos, as cidades perecerão.
John Fitzgerald Kennedy

19
quarta
AGOSTO

06h
07h
08h
09h
10h
11h
12h
13h
14h
15h
16h
17h
18h
19h
20h

S	**D**	S	T	Q	Q	S	S	**D**	S	T	Q	Q	S	S	**D**	S	T	Q	Q	S	S	**D**	S	T	Q	Q	S	S	**D**	S
01	**02**	03	04	05	06	07	08	**09**	10	11	12	13	14	15	**16**	17	18	19	20	21	22	**23**	24	25	26	27	28	29	**30**	31

anotações

06h	
07h	
08h	
09h	
10h	
11h	
12h	
13h	
14h	
15h	
16h	
17h	
18h	
19h	
20h	

20

quinta

AGOSTO

- Dia dos Maçons
- Dia Mundial Contra os Mosquitos

Todo Dia 26

Preparar para escrever

Nava, com paciência de arquivista, preparou-se anos a fio para escrever.

Faz pensar no artista espanhol Picasso, que certa vez foi procurado por uma senhora para que fizesse seu retrato.

Com meia dúzia de traços o desenho ficou pronto, e Picasso pediu um preço alto. "Mas o senhor só trabalhou por alguns minutos", reclamou ela. "A senhora se engana. Precisei da vida toda para fazer isso", retrucou ele.

Relatos históricos

21
sexta
AGOSTO

06h
07h
08h
09h
10h
11h
12h
13h
14h
15h
16h
17h
18h
19h
20h

S	**D**	S	T	Q	Q	S	S	**D**	S	T	Q	Q	S	S	**D**	S	T	Q	Q	S	S	**D**	S	T	Q	Q	S	S	**D**	S
01	**02**	03	04	05	06	07	08	**09**	10	11	12	13	14	15	**16**	17	18	19	20	21	22	**23**	24	25	26	27	28	29	**30**	31

anotações

22 sábado AGOSTO

- Dia do Coordenador Pedagógico

08h
09h
10h
11h
12h
13h
14h
15h
16h
17h
18h
19h
20h

23 domingo AGOSTO

- Dia Internacional em Memória do Tráfico de Escravos e sua Abolição

08h
09h
10h
11h
12h
13h
14h
15h

Aquele que grafa uma página edificante, semeia um bom exemplo, educa uma criança, fornece um apontamento confortador, entretece uma palestra nobre ou estende uma dádiva, recolherá, cem por um todos os grãos de amor que lançou na sementeira do Eterno Bem, laborando com a Vida para a Alegria Sem Fim.

Eurípedes Barsanulfo (Chico Xavier) – Ideal espírita – CEC

O dever possui as bênçãos da confiança, mas a dívida tem os fantasmas da cobrança.

André Luiz (Chico Xavier) – Os mensageiros – FEB

24
segunda
AGOSTO

06h
07h
08h
09h
10h
11h
12h
13h
14h
15h
16h
17h
18h
19h
20h

S	**D**	S	T	Q	Q	S	S	**D**	S	T	Q	Q	S	S	**D**	S	T	Q	Q	S	S	**D**	S	T	Q	Q	S	S	**D**	S
01	**02**	03	04	05	06	07	08	**09**	10	11	12	13	14	15	**16**	17	18	19	20	21	22	**23**	24	25	26	27	28	29	**30**	31

anotações

25
terça
AGOSTO

• Dia do Soldado

06h
07h
08h
09h
10h
11h
12h
13h
14h
15h
16h
17h
18h
19h
20h

Não estendas a fogueira do mal com o lenho seco da irritação e do ódio!

Espera e ama sempre!

Em silêncio, a árvore podada multiplica os próprios frutos e o céu assaltado pela sombra noturna descerra a glória dos astros!...

Lembra-te do Cristo, o Amigo silencioso.

Sem reivindicações e sem ruído, escreveu os poemas imortais do perdão e do amor, da esperança e da alegria no coração da Terra.

Meimei **(Chico Xavier)**
– Ideal espírita – CEC

26
quarta
AGOSTO

- 06h
- 07h
- 08h
- 09h
- 10h
- 11h
- 12h
- 13h
- 14h
- 15h
- 16h
- 17h
- 18h
- 19h
- 20h

S **D** S T Q Q S S **D** S T Q Q S S **D** S T Q Q S S **D** S T Q Q S S **D** S
01 **02** 03 04 05 06 07 08 **09** 10 11 12 13 14 15 **16** 17 18 19 20 21 22 **23** 24 25 26 27 28 29 **30** 31

anotações

06h	
07h	
08h	
09h	
10h	
11h	
12h	
13h	
14h	
15h	
16h	
17h	
18h	
19h	
20h	

27
quinta
AGOSTO

- Dia do Psicólogo

Frases que ajudam a identificar as pessoas que se vitimizam

No site de psicologia online "Terapify", os profissionais de saúde mental explicam que há algumas frases que as pessoas que se vitimizam tendem a dizer, não necessariamente por manipulação, mas por falta de autoestima – que deve ser tratada com um profissional.

O problema é que você nunca me entende.
Tenho que fazer uma cena para que você preste atenção em mim.
Você sempre se irrita comigo por nada.
Olha o que você me fez fazer.
https://oglobo.globo.com/saude/bem-estar

28
sexta
AGOSTO

- 06h
- 07h
- 08h
- 09h
- 10h
- 11h
- 12h
- 13h
- 14h
- 15h
- 16h
- 17h
- 18h
- 19h
- 20h

S	**D**	S	T	Q	Q	S	S	**D**	S	T	Q	Q	S	S	**D**	S	T	Q	Q	S	S	**D**	S	T	Q	Q	S	S	**D**	S
01	**02**	03	04	05	06	07	08	**09**	10	11	12	13	14	15	**16**	17	18	19	20	21	22	**23**	24	25	26	27	28	29	**30**	31

anotações

08h	
09h	
10h	
11h	
12h	
13h	
14h	
15h	
16h	
17h	
18h	
19h	
20h	

29
sábado
AGOSTO

- Dia Mundial sem Tabaco

08h	
09h	
10h	
11h	
12h	
13h	
14h	
15h	

30
domingo
AGOSTO

Evite o fumo, o álcool e as drogas. No começo, podem parecer inofensivos, mas cobram um preço alto – e nem sempre há uma saída.

Hipertensão, tabagismo, diabetes, predisposição genética, sedentarismo e estresse são gatilhos para doenças graves, como angina e infarto.

Prevenção é tudo

Sempre fiz questão de nunca fumar quando estou a dormir...

Deixar de fumar é a coisa mais fácil do mundo. Sei muito bem do que se trata, já o fiz cinquenta vezes.

Mark Twain

31
segunda
AGOSTO

- Dia da Nutricionista

	06h
	07h
	08h
	09h
	10h
	11h
	12h
	13h
	14h
	15h
	16h
	17h
	18h
	19h
	20h

S **D** S T Q Q S S **D** S T Q Q S S **D** S T Q Q S S **D** S T Q Q S S **D** S
01 **02** 03 04 05 06 07 08 **09** 10 11 12 13 14 15 **16** 17 18 19 20 21 22 **23** 24 25 26 27 28 29 **30** 31

anotações

A ORAÇÃO MAIS REPETIDA PELOS CRISTÃOS

Ao ensinar o Pai Nosso, Jesus nos conclamou: "Perdoa as nossas dívidas, assim como perdoamos aos nossos devedores."[1] . Esta súplica, entoada por milhões de vozes ao longo dos séculos, carrega um convite à misericórdia – não apenas para com os que nos cercam, mas também para conosco e para com aqueles que já partiram. Pois, para seguir adiante, é preciso acertar os passos com aqueles a quem devemos e de quem, de alguma forma, nos afastamos. Esse gesto é um ato de libertação mútua: ao perdoar, libertamos o outro e, ao mesmo tempo, nos libertamos.

Nenhum barco singra os mares rumo a novos destinos se permanece preso ao cais. Assim também somos nós, quando nos recusamos a soltar as amarras do ressentimento. A lição do Cristo nos exorta a tolerar, não sete, mas setenta vezes sete vezes, permanentemente, superando os aborrecimentos. Enquanto insistimos em ancorar a alma no passado, atados a velhos desafetos, esquecemos que a vida é travessia. O vento sopra, as marés mudam, e o oceano da existência nos convida a zarpar. Você já pensou nisso?

Perdoar é essencial, um passo decisivo em nossa jornada de evolução. Allan Kardec nos lembra que "as boas ações são a melhor prece, porque os atos valem mais que as palavras."[2] O perdão, porém, não é um simples gesto, mas um exercício contínuo da alma – um aprendizado que exige esforço e intenção. Não significa apagar da memória, mas

Notas Espirituais

---

1 *Jesus (Mateus 6:12)* – Bíblia Online ACF
2 *O Livro dos Espíritos, questão 661* – Editora EME

libertar-se do desejo de revanche, permitindo que o coração siga adiante, leve como um barco que solta as amarras e se entrega ao vento.

São inúmeros os benefícios do perdão, e a ciência já aponta alguns deles como terapêuticos. Pessoas que guardam mágoas adoecem com mais frequência, e essa amargura crônica pode levar à depressão e a desequilíbrios emocionais. Relevar a ofensa é fundamental para nossa saúde mental, pois elimina a raiva, a aversão, a antipatia e outros sentimentos negativos, seja contra outrem ou contra nós mesmos.

O doutor Cajazeiras[3] afirma que, quando não ressignificamos e nos fixamos em ofensas, cada vez que revivemos a memória da afronta, nosso corpo sofre estresse como se o acontecimento se repetisse, desencadeando repetidamente substâncias químicas negativas. Inclusive, quando comentamos com alguém esses fatos, alimentamos essa dor.

O perdão e o esquecimento, através do bem, devem caminhar juntos, conforme a recomendação de Jesus: "Concilia-te depressa com o teu adversário, enquanto estás no caminho com ele"[4]. Isso nos leva a refletir: não revidar, mas orar pelo desafeto; compreender que erramos e, muitas vezes, ferimos os outros por nossa ignorância, irracionalidade ou agressividade; auxiliar quem nos ofende, para que ele se restaure. Pois a serenidade do silêncio e a prece são antídotos para evitar a retaliação.

Paulo, o apóstolo, voltou à Terra por meio da psicografia para nos aconselhar: "Não esqueçais que o verdadeiro perdão se reconhece antes pelos atos do que pelas palavras."[5]

Rodrigues de Camargo

---

3 *O valor terapêutico do perdão* – Editora EME
4 *Jesus (Mateus 5:25)* – Bíblia Online ACF
5 *O Evangelho segundo o Espiritismo (Paulo, apóstolo. Lyon, 1861.)* – Editora EME

VIGIA TEUS PENSAMENTOS

Grande parte dos casos de obsessão espiritual se estabelece a partir do baixo padrão vibratório da criatura encarnada.

Ódio, ressentimento, rancor, orgulho, mágoa, são estados psicológicos que dão às entidades perseguidoras o sinal para avançarem.

Tais espíritos espreitam sua vítima, à espera do melhor momento para agirem.

Sempre que tais pensamentos te chegarem à mente, busca refúgio na prece.

Eleva-te a Deus, a fim de que os canais de sintonia que te ligam a entidades perseguidoras sejam desfeitos com a força do bem, que pode brotar dentro de ti mesmo.

Vigia teus pensamentos.

Ora ao Pai.

Dedica-te ao bem.

Assim agindo, estarás te colocando a salvo das investidas inferiores e te aproximando das esferas elevadas, cujos eflúvios te garantirão a paz interior.

Scheilla (Clayton B. Levy) – A mensagem do dia – CEAK

SETEMBRO 2026

ANOTAÇÕES IMPORTANTES | viagens | cursos | reuniões | aniversários | provas | trabalhos | contas

1. _____
2. _____
3. _____
4. _____
5. _____
6. _____
7. _____
8. _____
9. _____
10. _____
11. _____
12. _____
13. _____
14. _____
15. _____
16. _____
17. _____
18. _____
19. _____
20. _____
21. _____
22. _____
23. _____
24. _____
25. _____
26. _____
27. _____
28. _____
29. _____
30. _____

06h	
07h	**01**
08h	**terça**
	SETEMBRO
09h	
10h	• Início da Semana da Pátria.
11h	• Setembro Amarelo
12h	• Mês de Prevenção ao Suicídio
13h	
14h	
15h	
16h	
17h	
18h	
19h	
20h	

O que ocorre aos suicidas nas vidas ulteriores?

– Suicidas que estouraram o crânio ou que se entregaram a enforcamento, depois de prolongados suplícios, nas regiões purgatórias, frequentemente, após diversos tentames frustrados de renascimento, readquirem o corpo de carne, mas, transportam nele as deficiências do corpo espiritual, cuja harmonia desajustaram. Nessa fase, exibem cérebros retardados ou moléstias nervosas obscuras.

Emmanuel **(Chico Xavier e Waldo Vieira) – Leis de amor – FEESP**

02

quarta
SETEMBRO

06h
07h
08h
09h
10h
11h
12h
13h
14h
15h
16h
17h
18h
19h
20h

T	Q	Q	S	S	**D**	**S**	T	Q	Q	S	S	**D**	S	T	Q	Q	S	S	**D**	S	T	Q	Q	S	S	**D**	S	T	**Q**
01	02	03	04	05	**06**	**07**	08	09	10	11	12	**13**	14	15	16	17	18	19	**20**	21	22	23	24	25	26	**27**	28	29	30

anotações

06h	
07h	**03**
08h	**quinta**
	SETEMBRO
09h	
10h	• Dia do Biólogo
11h	
12h	
13h	
14h	
15h	
16h	
17h	
18h	
19h	
20h	

Escolta bendita

(...) sejamos a escora daquele que fraqueja e o consolo de quantos se encontrem às portas do desalento, porque, em verdade, cada um de nós tem os seus dias de testes maiores, à frente da aflição, com a necessidade premente de apoio, perante aqueles que nos partilhem a experiência.

***Bezerra de Menezes* (Chico Xavier) – Bezerra, Chico e você – GEEM**

Só em nós mesmos podemos mudar alguma coisa; nos outros é uma tarefa quase impossível.

Carl Jung

04
sexta
SETEMBRO

- 06h
- 07h
- 08h
- 09h
- 10h
- 11h
- 12h
- 13h
- 14h
- 15h
- 16h
- 17h
- 18h
- 19h
- 20h

T	Q	Q	S	S	**D**	**S**	T	Q	Q	S	S	**D**	S	T	Q	Q	S	S	**D**	S	T	Q	Q	S	S	**D**	S	T	**Q**
01	02	03	04	05	**06**	**07**	08	09	10	11	12	**13**	14	15	16	17	18	19	**20**	21	22	23	24	25	26	**27**	28	29	30

anotações

05 sábado SETEMBRO

- Dia do Irmão
- Dia Internacional da Caridade

08h	
09h	
10h	
11h	
12h	
13h	
14h	
15h	
16h	
17h	
18h	
19h	
20h	

06 domingo SETEMBRO

- Dia Internacional da Ação pela Igualdade da Mulher

08h	
09h	
10h	
11h	
12h	
13h	
14h	
15h	

Ensina a caridade, dando aos outros algo de ti mesmo, em forma de trabalho e carinho; e aqueles que te seguem os passos virão ao teu encontro oferecendo, ao bem, quanto possuem.
Emmanuel (Chico Xavier) – **Relicário de luz - FEB**

A ampliação dos direitos das mulheres é o princípio básico de todo progresso social.
Charles Fourier – **Cientista social francês**

07
segunda
SETEMBRO

- Dia da Independência do Brasil

08h
09h
10h
11h
12h
13h
14h
15h

08
terça
SETEMBRO

- Dia Internacional da Alfabetização

08h
09h
10h
11h
12h
13h
14h
15h
16h
17h
18h
19h
20h

T	Q	Q	S	S	**D**	**S**	T	Q	Q	S	S	**D**	S	T	Q	Q	S	S	**D**	S	T	Q	Q	S	S	**D**	S	T	**Q**
01	02	03	04	05	**06**	**07**	08	09	10	11	12	**13**	14	15	16	17	18	19	**20**	21	22	23	24	25	26	**27**	28	29	30

anotações

09

quarta
SETEMBRO

- Dia do Administrador
- Dia do Médico Veterinário

06h
07h
08h
09h
10h
11h
12h
13h
14h
15h
16h
17h
18h
19h
20h

Realmente Jesus curou muitos enfermos e recomendou-os, de modo especial, aos discípulos.

Todavia, o Médico Celestial não se esqueceu de requisitar ao Reino Divino quantos se restauram nas deficiências humanas.

Não nos interessa apenas a regeneração do veículo em que nos expressamos, mas, acima de tudo, o corretivo espiritual.

Que o homem comum se liberte da enfermidade, mas é imprescindível que entenda o valor da saúde.

Emmanuel (Chico Xavier) – Pão nosso – FEB

10
quinta
SETEMBRO

- Dia da Prevenção ao Suicídio

06h
07h
08h
09h
10h
11h
12h
13h
14h
15h
16h
17h
18h
19h
20h

T	Q	Q	S	S	**D**	**S**	T	Q	Q	S	S	**D**	S	T	Q	Q	S	S	**D**	S	T	Q	Q	S	S	**D**	S	T	**Q**
01	02	03	04	05	**06**	**07**	08	09	10	11	12	**13**	14	15	16	17	18	19	**20**	21	22	23	24	25	26	**27**	28	29	30

anotações

11

sexta
SETEMBRO

06h
07h
08h
09h
10h
11h
12h
13h
14h
15h
16h
17h
18h
19h
20h

As provas apavorantes que alguns dentre nós sofrem são, em geral, a consequência de sua conduta passada.

O déspota renasce escravo; a mulher arrogante, vaidosa de sua beleza, retomará um corpo enfermo, sofredor; o ocioso voltará mercenário, curvado sob uma tarefa ingrata.

Aquele que faz sofrer, sofrerá a seu turno. Inútil procurar o inferno nas regiões desconhecidas e distantes, o inferno está entre nós; ele se esconde nas dobras ignoradas da alma culpada, cuja expiação somente pode fazer cessar as dores.

Léon Denis **– O porquê da vida – FEB**

12
sábado
SETEMBRO

- 08h
- 09h
- 10h
- 11h
- 12h
- 13h
- 14h
- 15h
- 16h
- 17h
- 18h
- 19h
- 20h

13
domingo
SETEMBRO

- 08h
- 09h
- 10h
- 11h
- 12h
- 13h
- 14h
- 15h

T	Q	Q	S	S	**D**	**S**	T	Q	Q	S	S	**D**	S	T	Q	Q	S	S	**D**	S	T	Q	Q	S	S	**D**	S	T	**Q**
01	02	03	04	05	**06**	**07**	08	09	10	11	12	**13**	14	15	16	17	18	19	**20**	21	22	23	24	25	26	**27**	28	29	30

anotações

14

segunda

SETEMBRO

Retire da despensa os gêneros alimentícios, que descansam esquecidos, para a distribuição fraterna aos companheiros de estômago atormentado.
André Luiz **(Chico Xavier)**
– O Espírito da Verdade – FEB

Se a vida pode cerrar os nossos olhos e restringir a acuidade de nossas percepções, a morte vem descerrar-nos um mundo novo, a fim de que possamos entrever as veredas mais profundas do plano espiritual.
Humberto de Campos **(Chico Xavier)**
– Palavras do infinito – LAKE

15

terça
SETEMBRO

- Dia do Cliente

	06h
	07h
	08h
	09h
	10h
	11h
	12h
	13h
	14h
	15h
	16h
	17h
	18h
	19h
	20h

T Q Q S S **D S** T Q Q S S **D** S T Q Q S S **D** S T Q Q S S **D** S T **Q**
01 02 03 04 05 **06 07** 08 09 10 11 12 **13** 14 15 16 17 18 19 **20** 21 22 23 24 25 26 **27** 28 29 30

anotações

16 quarta
SETEMBRO

- Dia Internacional para Preservação da Camada de Ozônio

Empresas e indivíduos que poluem, destroem ecossistemas, provocam aquecimento global e desmatam indiscriminadamente, movidos pela ganância e falta de consciência social, contribuem para um futuro sombrio.

Einstein questionou: estamos tornando o planeta um lugar melhor ou apenas ignoramos as consequências, pois "a longo prazo, estaremos todos mortos"?

Quem escolhe o descaso engrossa o coro de Millán d'Astray, repetindo, à sua maneira, o grito do general franquista: "Viva a morte!"

José Augusto Wanderley

17

quinta

SETEMBRO

- Dia da Compreensão Mundial

06h
07h
08h
09h
10h
11h
12h
13h
14h
15h
16h
17h
18h
19h
20h

T	Q	Q	S	S	**D**	**S**	T	Q	Q	S	S	**D**	S	T	Q	Q	S	S	**D**	S	T	Q	Q	S	S	**D**	S	T	**Q**
01	02	03	04	05	**06**	**07**	08	09	10	11	12	**13**	14	15	16	17	18	19	**20**	21	22	23	24	25	26	**27**	28	29	30

anotações

06h	
07h	
08h	**18**
	sexta
09h	SETEMBRO
10h	
11h	
12h	
13h	
14h	
15h	
16h	
17h	
18h	
19h	
20h	

Pequenos princípios do serviço espiritual:

Se procuras materializar o espírito, espiritualiza a matéria.

Se desejas aumentar o uso da alma, diminui o uso da carne.

Se buscas receber, aprende também a dar de ti mesmo.

Se pretendes encontrar a luz, foge à sombra.

Se buscas verdadeiramente o bem, evita o mal.

Centro Espírita Chico Xavier

Reportamo-nos à compreensão e, consequentemente, à tolerância e ao respeito com que somos todos chamados à garantia da paz recíproca.

Emmanuel **(Chico Xavier)**
– Ceifa de luz – FEB

19
sábado
SETEMBRO

- 08h
- 09h
- 10h
- 11h
- 12h
- 13h
- 14h
- 15h
- 16h
- 17h
- 18h
- 19h
- 20h

20
domingo
SETEMBRO

- 08h
- 09h
- 10h
- 11h
- 12h
- 13h
- 14h
- 15h

T	Q	Q	S	S	**D**	**S**	T	Q	Q	S	S	**D**	S	T	Q	Q	S	S	**D**	S	T	Q	Q	S	S	**D**	S	T	**Q**
01	02	03	04	05	**06**	**07**	08	09	10	11	12	**13**	14	15	16	17	18	19	**20**	21	22	23	24	25	26	**27**	28	29	30

anotações

21

segunda

SETEMBRO

- Dia da Árvore.
- Dia do Adolescente
- Dia Internacional da Paz

06h	
07h	
08h	
09h	
10h	
11h	
12h	
13h	
14h	
15h	
16h	
17h	
18h	
19h	
20h	

A árvore benfeitora não prescindirá do carinho e da assistência constante do pomicultor. É imperioso reconhecer, porém, que somente se fortalecerá sob a temperatura atormentadora da canícula, debaixo de aguaceiros salutares ou aos golpes da ventania forte.

A luta e o atrito são bênçãos sublimes, através das quais realizamos a superação de nossos velhos obstáculos. É necessário não menosprezá-los, identificando neles o ensejo bendito de elevação.

Matilde/André Luiz (Chico Xavier) – **Libertação** – FEB

22

terça
SETEMBRO

- Início da Primavera
- Dia Mundial sem Carro

06h
07h
08h
09h
10h
11h
12h
13h
14h
15h
16h
17h
18h
19h
20h

T	Q	Q	S	S	**D**	**S**	T	Q	Q	S	S	**D**	S	T	Q	Q	S	S	**D**	S	T	Q	Q	S	S	**D**	S	T	**Q**
01	02	03	04	05	**06**	**07**	08	09	10	11	12	**13**	14	15	16	17	18	19	**20**	21	22	23	24	25	26	**27**	28	29	30

anotações

23
quarta
SETEMBRO

- Dia Internacional Contra a Exploração Sexual e o Tráfico de Mulheres e Crianças

06h
07h
08h
09h
10h
11h
12h
13h
14h
15h
16h
17h
18h
19h
20h

O álcool, consumido precocemente pelos jovens, aumenta o risco de dependência e comportamentos de risco.

Esse consumo no geral impulsiona a exploração e o abuso de mulheres, tanto adolescentes quanto adultas, contribuindo para acidentes, violência sexual, mortes violentas, gravidez prematura, queda no desempenho escolar e prejuízo no desenvolvimento cognitivo e emocional das pessoas.

Adaptado do site do GREA (USP-SP)

Às vezes custa muito mais eliminar um só defeito, que adquirir cem virtudes.
La Bruyère

24
quinta
SETEMBRO

06h
07h
08h
09h
10h
11h
12h
13h
14h
15h
16h
17h
18h
19h
20h

T Q Q S S **D S** T Q Q S S **D** S T Q Q S S **D** S T Q Q S S **D** S T **Q**
01 02 03 04 05 **06 07** 08 09 10 11 12 **13** 14 15 16 17 18 19 **20** 21 22 23 24 25 26 **27** 28 29 30

anotações

06h	
07h	**25**
08h	**sexta**
09h	SETEMBRO
10h	
11h	
12h	
13h	
14h	
15h	
16h	
17h	
18h	
19h	
20h	

Céu de oportunidades

Se as asas são capazes de alçar-nos para os sonhos,
O coração eleva-nos a razões
Ainda tão incompreendidas pelos homens,
Que caminham sem perceber a existência de um
Céu de oportunidades ao alcance de sua Realização.

Alberto S. Dumont **(Luiz Fernando)**
– Ensaio de gratidão – EME

Em um de seus poemas, Paulo Leminski fazia uma pergunta reveladora: Que podia um velho fazer / nos idos de 1916,/ a não ser pegar pneumonia, / deixar tudo para os filhos / e virar fotografia?

Folha de São Paulo, março/2009.

26
sábado
SETEMBRO

- 08h
- 09h
- 10h
- 11h
- 12h
- 13h
- 14h
- 15h
- 16h
- 17h
- 18h
- 19h
- 20h

27
domingo
SETEMBRO

- Dia Nacional de Doação de Órgãos

- 08h
- 09h
- 10h
- 11h
- 12h
- 13h
- 14h
- 15h

T	Q	Q	S	S	**D**	**S**	T	Q	Q	S	S	**D**	S	T	Q	Q	S	S	**D**	S	T	Q	Q	S	S	**D**	S	T	**Q**
01	02	03	04	05	**06**	**07**	08	09	10	11	12	**13**	14	15	16	17	18	19	**20**	21	22	23	24	25	26	**27**	28	29	30

anotações

06h	
07h	
08h	
09h	
10h	
11h	
12h	
13h	
14h	
15h	
16h	
17h	
18h	
19h	
20h	

28
segunda
SETEMBRO

- Dia da Lei do Ventre Livre

Em qualquer faixa etária, é previsível uma dose de exagero ou, digamos, de inverdades sobre o desempenho sexual, afirma o geriatra Wilson Jacob Filho, colunista da **Folha**.

Jacob dá um exemplo de como a imagem é fundamental. Quando o HC tinha o Laboratório da Impotência, atendia dez pessoas. Mudaram o nome para Laboratório da Disfunção Erétil, e o número de pacientes foi para uns 10 mil, conta, rindo.

Folha de São Paulo, março/2009.

29

terça
SETEMBRO

	06h
	07h
	08h
	09h
	10h
	11h
	12h
	13h
	14h
	15h
	16h
	17h
	18h
	19h
	20h

T Q Q S S **D S** T Q Q S S **D** S T Q Q S S **D** S T Q Q S S **D** S T **Q**
01 02 03 04 05 **06 07** 08 09 10 11 12 **13** 14 15 16 17 18 19 **20** 21 22 23 24 25 26 **27** 28 29 30

anotações

30
quarta
SETEMBRO

"A Deus tudo é possível..."

Jesus nos ensinou (Mateus 19:26). No entanto, há uma única impossibilidade: derrogar a própria Lei Divina, pois sendo perfeita, não pode ser revogada. Nela se expressam a sabedoria, a justiça e a misericórdia de Deus.

Rodrigues de Camargo

Continuo traduzindo. A tradução é minha pinga. Traduzo como o bêbado bebe: para esquecer, para atordoar. Enquanto traduzo, não penso na sabotagem do petróleo.

Monteiro Lobato (Carta a Godofredo Rangel, São Paulo, 15/4/1940.)

QUAL A CONTRIBUIÇÃO QUE O ESPIRITISMO PODE OFERECER NOS QUADROS DE AUTISMO?

A doutrina dos espíritos sempre lançou luz sobre os transtornos mentais, desde sua codificação por Allan Kardec, no século 18, na França. Nessa mesma época, no Brasil, doutor Bezerra de Menezes escreveu em vida uma obra intitulada *A loucura sob novo prisma*, a qual foi publicada só após a sua desencarnação. Nela, ele aborda como diferenciar a origem de uma doença mental: se é orgânica e/ou cerebral ou se é de origem psicológica e, principalmente, por processos obsessivos.

O espiritismo é o responsável pelo surgimento de inúmeros centros de tratamento, com ou sem internação, cuja organização, no processo de diagnóstico, tratamento e recuperação, favoreceu um atendimento muito mais humanizado, por contemplar a visão sistêmica do ser humano, como um ser biológico, psicológico, social e espiritual, além de oferecer a tecnologia espírita como coadjuvante ao tratamento, que nada mais é que a fluidoterapia associada ao processo de desobsessão.

Aliados a tudo isso, existe a possibilidade da evangelização do doente e de seus parentes e amigos, que nada mais é do que apresentar-lhes os instrumentos, as instruções e os instrutores dos quais Jesus foi o maior exemplo, na busca e no alcance da realização da humanidade, sempre através do Espírito de Serviço (caridade) que se alimenta do Senso de Eternidade.

***João L. Navajas*, psiquiatra. Correio Fraterno do ABC**

Notas Espirituais

O LIVRO DOS ESPÍRITOS

Esse livro primeiro com o montante do material que Allan Kardec publicou (excetuando-se, a meu ver, o livro *Obras Póstumas*, que não é publicação de Kardec e sim dos amigos do Codificador que lhe reuniram apontamentos pessoais) representa aos meus olhos o manancial e a fonte, formando a origem de nossa Redentora Doutrina.

Manancial e fonte constituindo um todo, por que sem o manancial a fonte não existiria e sem a fonte o manancial estaria reduzido à condição de um poço estagnado.

Allan Kardec terá assim agido à feição de um engenheiro divino, edificando justo caminho às águas vivas do cristianismo renascente no espiritismo, águas essas que hoje se espraiam em todas as direções, fertilizando os campos mentais do mundo.

Chico Xavier em carta a José Gonçalves Pereira, abril de 1957

*

No ano de 1924 concluiu o curso primário e não voltou a estudar, dedicando-se inteiramente ao trabalho. No mês de maio de 1927, participou de uma sessão espírita onde viu o espírito de sua mãe, que lhe aconselhou ler as obras de Allan Kardec.

Em junho ajudou a fundar o Centro Espírita Luiz Gonzaga e em julho iniciou os trabalhos na área da psicografia. Em 1928, com 18 anos, começou a publicar suas primeiras mensagens psicografadas nos periódicos *O Jornal*, do Rio de Janeiro, e *Almanaque de Notícias*, de Portugal.

http://www.istoe.com.br

OUTUBRO 2026

ANOTAÇÕES IMPORTANTES | viagens | cursos | reuniões | aniversários | provas | trabalhos | contas

1 _____
2 _____
3 _____
4 _____
5 _____
6 _____
7 _____
8 _____
9 _____
10 _____
11 _____
12 _____
13 _____
14 _____
15 _____
16 _____
17 _____
18 _____
19 _____
20 _____
21 _____
22 _____
23 _____
24 _____
25 _____
26 _____
27 _____
28 _____
29 _____
30 _____
31 _____

01

quinta
OUTUBRO

- Dia Internacional das Pessoas Idosas
- Dia Nacional dos Idosos
- Dia do Vendedor
- Dia do Vereador

Determina o artigo 230 (CF) que "A família, a sociedade e o Estado têm o dever de amparar as pessoas idosas, assegurando sua participação na comunidade, defendendo sua dignidade e bem-estar e garantindo-lhes o direito à vida".

O parágrafo primeiro prossegue: "Os programas de amparo aos idosos serão executados preferencialmente em seus lares".

Ambos os dispositivos se revestem de ilusório caráter programático. Após 35 anos de vigência, não foram regulamentados.

Almir Pazzianotto Pinto **(ex-ministro do TST)**

02
sexta
OUTUBRO

06h
07h
08h
09h
10h
11h
12h
13h
14h
15h
16h
17h
18h
19h
20h

Q	S	S	**D**	S	T	Q	Q	S	S	**D**	**S**	T	Q	Q	S	S	**D**	S	T	Q	Q	S	S	**D**	S	T	Q	Q	S	S
01	02	03	**04**	05	06	07	08	09	10	**11**	**12**	13	14	15	16	17	**18**	19	20	21	22	23	24	**25**	26	27	28	29	30	31

anotações

03 sábado OUTUBRO

- 08h
- 09h
- 10h
- 11h
- 12h
- 13h
- 14h
- 15h
- 16h
- 17h
- 18h
- 19h
- 20h

04 domingo OUTUBRO

- Dia da Natureza
- Dia dos Animais

- 08h
- 09h
- 10h
- 11h
- 12h
- 13h
- 14h
- 15h

Ninguém é suficientemente perfeito que não possa aprender com o outro e, ninguém é totalmente destituído de valores que não possa ensinar algo ao seu irmão.
Apenas um raio de sol é suficiente para afastar várias sombras.
Francisco de Assis

A sabedoria da natureza é tal que não produz nada de supérfluo ou inútil.
Nicolau Copérnico

05
segunda
OUTUBRO

06h
07h
08h
09h
10h
11h
12h
13h
14h
15h
16h
17h
18h
19h
20h

| Q | S | S | **D** | S | T | Q | Q | S | S | **D** | **S** | T | Q | Q | S | S | **D** | S | T | Q | Q | S | S | **D** | S | T | Q | Q | S | S |
| 01 | 02 | 03 | **04** | 05 | 06 | 07 | 08 | 09 | 10 | **11** | **12** | 13 | 14 | 15 | 16 | 17 | **18** | 19 | 20 | 21 | 22 | 23 | 24 | **25** | 26 | 27 | 28 | 29 | 30 | 31 |

06h	
07h	**06**
08h	**terça**
	OUTUBRO
09h	
10h	• Dia Mundial da Paralisia Cerebral
11h	
12h	
13h	
14h	
15h	
16h	
17h	
18h	
19h	
20h	

Criança humilhada acumula sentimentos de culpa e revolta.

Criança que vive em segurança aprende a se sentir segura.

07
quarta
OUTUBRO

06h
07h
08h
09h
10h
11h
12h
13h
14h
15h
16h
17h
18h
19h
20h

| Q | S | S | **D** | S | T | Q | Q | S | S | **D** | **S** | T | Q | Q | S | S | **D** | S | T | Q | Q | S | S | **D** | S | T | Q | Q | S | S |
| 01 | 02 | 03 | **04** | 05 | 06 | 07 | 08 | 09 | 10 | **11** | **12** | 13 | 14 | 15 | 16 | 17 | **18** | 19 | 20 | 21 | 22 | 23 | 24 | **25** | 26 | 27 | 28 | 29 | 30 | 31 |

anotações

06h	
07h	
08h	
09h	
10h	
11h	
12h	
13h	
14h	
15h	
16h	
17h	
18h	
19h	
20h	

08
quinta
OUTUBRO

- Dia Mundial de Doação de Cordão Umbilical (aumentar a disponibilidade de doadores para transplantes de medula óssea)

Criança valorizada aprende a dar valor às pessoas e ao mundo.

Criança que ganha afeto desenvolve a afeição.

09
sexta
OUTUBRO

- 06h
- 07h
- 08h
- 09h
- 10h
- 11h
- 12h
- 13h
- 14h
- 15h
- 16h
- 17h
- 18h
- 19h
- 20h

Q	S	S	**D**	S	T	Q	Q	S	S	**D**	**S**	T	Q	Q	S	S	**D**	S	T	Q	Q	S	S	**D**	S	T	Q	Q	S	S
01	02	03	**04**	05	06	07	08	09	10	**11**	**12**	13	14	15	16	17	**18**	19	20	21	22	23	24	**25**	26	27	28	29	30	31

anotações

08h	
09h	**10**
10h	**sábado**
	OUTUBRO
11h	
12h	• Dia Nacional de Segurança e de Saúde nas Escolas
13h	
14h	
15h	
16h	
17h	
18h	
19h	
20h	

08h	
09h	**11**
10h	**domingo**
	OUTUBRO
11h	
12h	• Dia Internacional das Meninas
13h	
14h	

Criança maltratada cresce rancorosa e agressiva.

Criança estimulada, aprende com entusiasmo.

12
segunda
OUTUBRO

- Dia N Sra. Aparecida
- Dia da Criança

08h
09h
10h
11h
12h
13h
14h
15h

13
terça
OUTUBRO

08h
09h
10h
11h
12h
13h
14h
15h
16h
17h
18h
19h
20h

Q	S	S	**D**	S	T	Q	Q	S	S	**D**	**S**	T	Q	Q	S	S	**D**	S	T	Q	Q	S	S	**D**	S	T	Q	Q	S	S
01	02	03	**04**	05	06	07	08	09	10	**11**	**12**	13	14	15	16	17	**18**	19	20	21	22	23	24	**25**	26	27	28	29	30	31

anotações

06h	
07h	
08h	**14**
09h	quarta
	OUTUBRO
10h	
11h	
12h	
13h	
14h	
15h	
16h	
17h	
18h	
19h	
20h	

Criança tratada com justiça, respeita e confia.

Criança criticada aprende a condenar.

15
quinta
OUTUBRO

- Dia do Professor

	06h
	07h
	08h
	09h
	10h
	11h
	12h
	13h
	14h
	15h
	16h
	17h
	18h
	19h
	20h

Q S S **D** S T Q Q S S **D S** T Q Q S S **D** S T Q Q S S **D** S T Q Q S S
01 02 03 **04** 05 06 07 08 09 10 **11 12** 13 14 15 16 17 **18** 19 20 21 22 23 24 **25** 26 27 28 29 30 31

anotações

06h	
07h	**16**
08h	**sexta**
	OUTUBRO
09h	
	• Dia Mundial da Alimentação
10h	• Dia do Pão
11h	
12h	
13h	
14h	
15h	
16h	
17h	
18h	
19h	
20h	

Criança bem aceita aprende a gostar de si própria e dos outros.

Se tem amigos, a criança desenvolve o sentimento da amizade.

Todo Dia 26

17
sábado
OUTUBRO

08h
09h
10h
11h
12h
13h
14h
15h
16h
17h
18h
19h
20h

18
domingo
OUTUBRO

08h
09h
10h
11h
12h
13h
14h
15h

Q	S	S	**D**	S	T	Q	Q	S	S	**D**	**S**	T	Q	Q	S	S	**D**	S	T	Q	Q	S	S	**D**	S	T	Q	Q	S	S
01	02	03	**04**	05	06	07	08	09	10	**11**	**12**	13	14	15	16	17	**18**	19	20	21	22	23	24	**25**	26	27	28	29	30	31

anotações

19
segunda
OUTUBRO

- Dia Nacional de Combate à Sífilis e à Sífilis Congênita

06h
07h
08h
09h
10h
11h
12h
13h
14h
15h
16h
17h
18h
19h
20h

Livro comparável a precioso formulário de receitas preventivas na garantia da saúde interior. Ensaio de imunologia da alma. Vacinação espiritual contra a queda nos complexos de culpa, dos quais nunca se sabe com que espécie de angústia, desequilíbrio, doença ou depressão se vai sair.

***Emmanuel* (Chico Xavier) prefácio do livro Sinal verde, de André Luiz – CEC**

20

terça
OUTUBRO

- Dia do Poeta

06h
07h
08h
09h
10h
11h
12h
13h
14h
15h
16h
17h
18h
19h
20h

| Q | S | S | **D** | S | T | Q | Q | S | S | **D** | **S** | T | Q | Q | S | S | **D** | S | T | Q | Q | S | S | **D** | S | T | Q | Q | S | S |
| 01 | 02 | 03 | **04** | 05 | 06 | 07 | 08 | 09 | 10 | **11** | **12** | 13 | 14 | 15 | 16 | 17 | **18** | 19 | 20 | 21 | 22 | 23 | 24 | **25** | 26 | 27 | 28 | 29 | 30 | 31 |

anotações

21
quarta
OUTUBRO

- Dia do Ecumenismo
- Dia do Podcast

06h	
07h	
08h	
09h	
10h	
11h	
12h	
13h	
14h	
15h	
16h	
17h	
18h	
19h	
20h	

Na atualidade terrestre, o homem se previne contra a carência de valores alimentícios, estocando gêneros de primeira utilidade; defende as estradas, afastando o risco de acidentes ou promove a vacinação, frustrando o surto de epidemias.

Pensando nisso, entendamos o imperativo de exercitarmos fortaleza e compreensão, paciência e solidariedade, porque, de modo geral, em todas as existências do mundo, surge o dia em que a crise acontece.

Emmanuel **(Chico Xavier) – Paciência – CEU**

22
quinta
OUTUBRO

- Dia Internacional de Atenção à Gagueira

06h
07h
08h
09h
10h
11h
12h
13h
14h
15h
16h
17h
18h
19h
20h

Q S S **D** S T Q Q S S **D S** T Q Q S S **D** S T Q Q S S **D** S T Q Q S S
01 02 03 **04** 05 06 07 08 09 10 **11 12** 13 14 15 16 17 **18** 19 20 21 22 23 24 **25** 26 27 28 29 30 31

anotações

23
sexta
OUTUBRO

- Dia da Força Aérea Brasileira

6h	
7h	
8h	
9h	
0h	
1h	
2h	
3h	
4h	
5h	
6h	
7h	
18h	
19h	
20h	

O homem de bem...

O espiritismo bem compreendido, mas sobretudo bem sentido, forçosamente conduz aos resultados acima mencionados, que caracterizam o verdadeiro espírita como o verdadeiro cristão, um e outro tornando-se o mesmo.

O espiritismo não cria nenhuma nova moral; facilita aos homens a compreensão e a prática da moral do Cristo, possibilitando uma fé sólida e esclarecida àqueles que duvidam ou que vacilam.

Allan Kardec – **Sede perfeitos – ESE – Editora EME**

24 sábado
OUTUBRO

- Dia Mundial de Combate à Poliomielite

08h
09h
10h
11h
12h
13h
14h
15h
16h
17h
18h
19h
20h

25 domingo
OUTUBRO

- Dia do Dentista
- Dia do Engenheiro Civil
- Dia da Democracia

08h
09h
10h
11h
12h
13h
14h
15h

| Q | S | S | **D** | S | T | Q | Q | S | S | **D** | **S** | T | Q | Q | S | S | **D** | S | T | Q | Q | S | S | **D** | S | T | Q | Q | S | S |
| 01 | 02 | 03 | **04** | 05 | 06 | 07 | 08 | 09 | 10 | **11** | **12** | 13 | 14 | 15 | 16 | 17 | **18** | 19 | 20 | 21 | 22 | 23 | 24 | **25** | 26 | 27 | 28 | 29 | 30 | 31 |

anotações

26

segunda
OUTUBRO

6h	
7h	
8h	
9h	
10h	
11h	
12h	
13h	
14h	
15h	
16h	
17h	
18h	
19h	
20h	

A democratização das nossas sociedades se constrói a partir da democratização das informações, do conhecimento, das mídias, da formulação e debate dos caminhos e dos processos de mudança.
Betinho

Democracia é a forma de governo em que o povo imagina estar no poder.
Carlos Drummond de Andrade

O grande problema do nosso sistema democrático é que permite fazer coisas nada democráticas democraticamente.
José Saramago

O amor da democracia é o da igualdade.
Montesquieu

27

terça
OUTUBRO

| 06h | 07h | 08h | 09h | 10h | 11h | 12h | 13h | 14h | 15h | 16h | 17h | 18h | 19h | 20h |

Q S S **D** S T Q Q S S **D** S T Q Q S S **D** S T Q Q S S **D** S T Q Q S S
01 02 03 **04** 05 06 07 08 09 10 **11 12** 13 14 15 16 17 **18** 19 20 21 22 23 24 **25** 26 27 28 29 30 31

anotações

06h	
07h	
08h	
09h	
10h	
11h	
12h	
13h	
14h	
15h	
16h	
17h	
18h	
19h	
20h	

28
quarta
OUTUBRO

- Dia do Servidor Público

A vitória na luta pelo bem contra o mal caberá sempre ao servidor que souber perseverar com a Lei Divina até o fim.
Chico Xavier

Titino, homem honesto, / Servidor de tempo curto, Passou a viver no copo, / Agora vive de furto.
Cornélio Pires **(Chico Xavier)**

O trabalho ordinário conduz o servidor ao domínio horizontal do meio em que vive; o trabalho extraordinário eleva-o, em sentido vertical, às Esferas Superiores.
João Modesto **(Chico Xavier) – Ideal espírita – CEC**

29
quinta
OUTUBRO

- Dia Nacional do Livro
- Dia Mundial do AVC (Minutos podem salvar vidas).

	06h
	07h
	08h
	09h
	10h
	11h
	12h
	13h
	14h
	15h
	16h
	17h
	18h
	19h
	20h

Q S S **D** S T Q Q S S **D** **S** T Q Q S S **D** S T Q Q S S **D** S T Q Q S S
01 02 03 **04** 05 06 07 08 09 10 **11** **12** 13 14 15 16 17 **18** 19 20 21 22 23 24 **25** 26 27 28 29 30 31

anotações

30

sexta
OUTUBRO

- Dia do Ginecologista
- Dia do Fisiculturista

06h
07h
08h
09h
10h
11h
12h
13h
14h
15h
16h
17h
18h
19h
20h

Planejamento familiar com métodos de alta qualidade também são políticas públicas que deveriam estar muito mais acessíveis e de implantação com mais qualidade.

Os métodos de longa duração, como DIU, são menos do que 3% entre as brasileiras. No México é 30%; na Bolívia, 18%; na Nicarágua, 12%; Uruguai, mais de 20%.

Estamos muito aquém do planejamento familiar. E precisamos de educação. É isso que faz reduzir taxa de abortos e não é a lei que criminaliza. Os estudos mostram isso.

Cristião Rosas – **revistamarieclaire.globo.com**

31
sábado
OUTUBRO

- Dia Nacional da Poesia
- Dia da Dona de Casa

	06h
	07h
	08h
	09h
	10h
	11h
	12h
	13h
	14h
	15h
	16h
	17h
	18h
	19h
	20h

Q S S **D** S T Q Q S S **D** **S** T Q Q S S **D** S T Q Q S S **D** S T Q Q S S
01 02 03 **04** 05 06 07 08 09 10 **11** **12** 13 14 15 16 17 **18** 19 20 21 22 23 24 **25** 26 27 28 29 30 31

anotações

ALEGRAI! A VIDA CONTINUA... E OS CASAMENTOS TAMBÉM!

A maioria da população mundial acredita que a vida continua após a morte. E é bom crer como a maioria.

Uma grande prova da sobrevivência, para nós cristãos, foi o encontro de Jesus com Moisés e Elias, no Monte Tabor. Os dois estavam mortos, um havia 1.200 anos, e outro, havia 800 anos, e ressurgiram. Entretanto, nossa maior prova da continuidade da vida foi o retorno do Além do próprio Cristo, convivendo por quarenta dias com os discípulos, o que culminou na célebre frase do Mestre ao apóstolo que duvidava: "Porque me viste, Tomé, creste; bem-aventurados os que não viram e creram" (João 20:29).

Nas celebrações, quando do casamento, é dito aos noivos: "Casados até que a morte os separe". Mas a grande verdade é que a morte une as criaturas que se amam.

Sobre a vida a dois, posso afirmar: há vida após o casamento! Com o tempo, o vínculo emocional, físico e espiritual se fortalecem, pois ambos aprendem a se compreender e agradar. É exatamente isso que o médico Francisco Cajazeiras aborda em seu livro *Existe vida... depois do casamento?*

Com a espiritualidade tenho aprendido muito sobre o relacionamento a dois. Emmanuel diz que "os casamentos de amor jamais adoecem", e o médico espiritual André Luiz, em *Libertação*, ensinando sobre as provas aqui na Terra, afirma que "fora do amor verdadeiro, toda união é temporária".

Kardec ensina que, no casamento, a união dos sexos renova

Notas Espirituais

a vida, seguindo a lei divina. Mas há também uma lei superior e imutável: a do amor.

Chico Xavier revela algo surpreendente em seu *best-seller Nosso Lar*, que vendeu mais de 2 milhões de exemplares e foi adaptado para o cinema. No capítulo 38, o espírito André Luiz, ex-médico na Terra, narra o caso do enfermeiro Tobias. Ao final do expediente na colônia Nosso Lar, Tobias confidenciou: "Imagine que fui casado duas vezes..." na Terra..

E na mesma residência espiritual vivia Tobias com a primeira esposa, Hilda, e com a segunda, não como outra esposa, mas agora como filha, Luciana. Dizia que haviam vencido o monstro do ciúme inferior, conquistando algum sentimento de fraternidade real.

Luciana, que aguardava o espírito de sua predileção, seu noivo, para também constituir um lar matrimonial, com seu conhecimento espiritual e graças aos ensinamentos de Jesus explica a prova pela qual passara na Terra: "Aprendi que há casamento de amor, de fraternidade, de provação, de dever...". E conclui: "O matrimônio espiritual realiza-se, alma com alma, representando os demais simples conciliações indispensáveis à solução de necessidades ou processos retificadores, embora todos sejam sagrados".

Ame, ame verdadeiramente. Supere as dificuldades, porque a vida é sábia e reserva muitas alegrias, aqui na Terra e no Além, para todos aqueles que acreditam em Deus e no amor que Jesus nos ensinou, dizendo: "Vou para meu Pai e vou preparar-vos um lugar".

E nesse lugar tem casa – e também casamento.

Rodrigues de Camargo

SUBLIMAÇÃO

Festa… Fulge o solar… Um jovem tange a lira,
Desfere uma canção de dolorosa espera…
E Joana, a castelã, que no amor se lhe dera,
Surge, escarnece dele e por outro suspira.

Mata-se o pobre moço ante a moça insincera.
Ele sofre no Além, ela esquece, delira,
E a iludir-se e enganar, de mentira em mentira,
Um dia encontra a morte e a vida se lhe altera…

Encontrando na treva o companheiro em prova,
Aflita, a castelã quis dar-lhe vida nova
E fez-se humilde mãe, sem proteção, sem brilho…

Hoje carrega ao peito um filho cego e louco,
Arrasta-se, padece e morre, pouco a pouco,
Mas repete feliz: "Ah! meu filho!… Meu filho!…"

Silva Ramos (Chico Xavier) – Encontro de paz – IDE

NOVEMBRO 2026

ANOTAÇÕES IMPORTANTES | viagens | cursos | reuniões | aniversários | provas | trabalhos | contas

1 _____
2 _____
3 _____
4 _____
5 _____
6 _____
7 _____
8 _____
9 _____
10 _____
11 _____
12 _____
13 _____
14 _____
15 _____
16 _____
17 _____
18 _____
19 _____
20 _____
21 _____
22 _____
23 _____
24 _____
25 _____
26 _____
27 _____
28 _____
29 _____
30 _____

01
domingo
NOVEMBRO

08h	
09h	
10h	
11h	
12h	
13h	
14h	
15h	

02
segunda
NOVEMBRO

- Dia de Finados

08h	
09h	
10h	
11h	
12h	
13h	
14h	
15h	
16h	
17h	
18h	
19h	
20h	

Em "treino para a morte" o espírito orienta sobre hábitos diários:

"Apego aos velhos hábitos é uma tirania. Comece renovando seus costumes pelo prato de cada dia. Reduza, pouco a pouco, o consumo de carne. O cemitério no estômago se torna um tormento após a grande transição."

Irmão X (Chico Xavier) – **Cartas e crônicas – FEB**

Querida mamãe Adelaide e querido papai Antero; peço-lhes me abençoem. Que a morte é uma sombra ilusória, está claro com a minha presença aqui.

Carlos A. dos Santos Dias (Beto) (Chico Xavier) – **Correio do além – EME/CEU**

03

terça
NOVEMBRO

	06h
	07h
	08h
	09h
	10h
	11h
	12h
	13h
	14h
	15h
	16h
	17h
	18h
	19h
	20h

D S T Q Q S S **D S** T Q Q S S **D** S T Q Q **S** S **D** S T Q Q S S **D** S
01 02 03 04 05 06 07 **08** 09 10 11 12 13 14 **15** 16 17 18 19 **20** 21 **22** 23 24 25 26 27 28 **29** 30

anotações

04
quarta
NOVEMBRO

- Dia do Inventor
- Dia da Favela

06h
07h
08h
09h
10h
11h
12h
13h
14h
15h
16h
17h
18h
19h
20h

Quando o tempo passa, dá medo da distância, de perder a memória dos momentos que passei com minha filha. Vou sempre ao cemitério Jardim da Saudade levar flores. No aniversário, compro um porta-retrato e coloco uma foto nova da Mariana, ela sempre sorrindo.

Agora sou uma mãe que vive no mundo das mães que perderam seus filhos. Não gosto. Preferia viver no mundo das mães que têm filhos. Mas hoje eu sinto minha filha dentro de mim, no meu coração.

Cibele Paranhos – **Revista O Globo**

05
quinta
NOVEMBRO

	06h
	07h
	08h
	09h
	10h
	11h
	12h
	13h
	14h
	15h
	16h
	17h
	18h
	19h
	20h

D S T Q Q S S **D S** T Q Q S S **D** S T Q Q **S** S **D** S T Q Q S S **D** S
01 02 03 04 05 06 07 **08** **09** 10 11 12 13 14 **15** 16 17 18 19 **20** 21 **22** 23 24 25 26 27 28 **29** 30

anotações

06h	
07h	**06**
08h	**sexta**
	NOVEMBRO
09h	
10h	
11h	
12h	
13h	
14h	
15h	
16h	
17h	
18h	
19h	
20h	

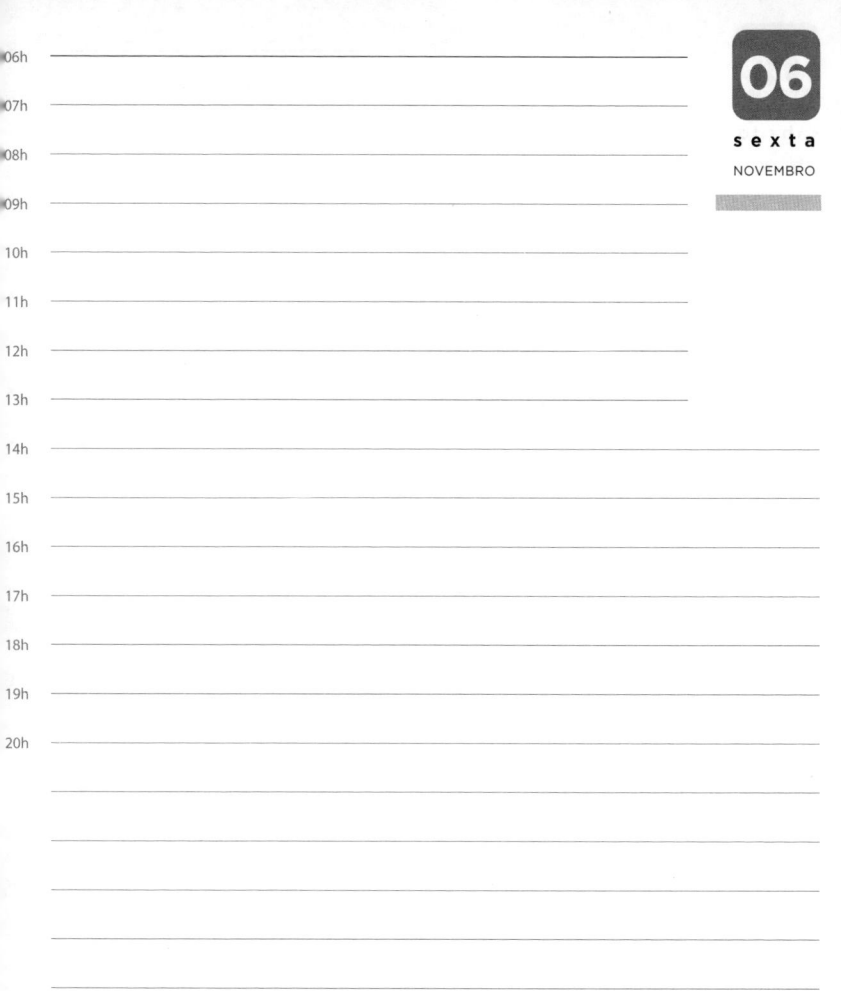

Os espíritas, diferentemente da maioria, acreditam na imortalidade da alma, na sua individualidade e também na comunicação dos mortos com os vivos.

Graças a *O Livro dos Espíritos*, de Allan Kardec (pseudônimo de Hippolyte Léon Denizard Rivail), publicado em 18 de abril de 1857, a humanidade finalmente encontrou respostas para muitos mistérios, incluindo a ideia confortadora de que os mortos apenas mudaram de dimensão e por certo nos aguardarão no portal do além.

Rodrigues de Camargo

07
sábado
NOVEMBRO

08h
09h
10h
11h
12h
13h
14h
15h
16h
17h
18h
19h
20h

08
domingo
NOVEMBRO

08h
09h
10h
11h
12h
13h
14h
15h

| **D** | **S** | T | Q | Q | S | S | **D** | **S** | T | Q | Q | S | S | **D** | S | T | Q | Q | **S** | S | **D** | S | T | Q | Q | S | S | **D** | S |
| 01 | 02 | 03 | 04 | 05 | 06 | 07 | **08** | 09 | 10 | 11 | 12 | 13 | 14 | **15** | 16 | 17 | 18 | 19 | **20** | 21 | **22** | 23 | 24 | 25 | 26 | 27 | 28 | **29** | 30 |

anotações

09
segunda
NOVEMBRO

- 06h
- 07h
- 08h
- 09h
- 10h
- 11h
- 12h
- 13h
- 14h
- 15h
- 16h
- 17h
- 18h
- 19h
- 20h

Vi figuras que se movimentavam à minha frente, até que dentre todas reconheci meu pai Domingos, a me estender os braços.

Então, a morte era tudo aquilo que eu não esperava e que se traduzia por uma transferência de casa endereçando-nos para afeições que supúnhamos perdidas para sempre? Você, meu filho, e o nosso Santiago avaliarão como chorei, misturando a alegria de rever meu pai, a tia Encarnação, a benfeitora Josefa, e a mãe Tereza.

Pedro Rufino (Chico Xavier)
— Correio do além — EME/CEU

10
terça
NOVEMBRO

- 06h
- 07h
- 08h
- 09h
- 10h
- 11h
- 12h
- 13h
- 14h
- 15h
- 16h
- 17h
- 18h
- 19h
- 20h

D	S	T	Q	Q	S	S	D	S	T	Q	Q	S	S	D	S	T	Q	Q	S	S	D	S	T	Q	Q	S	S	D	S
01	**02**	03	04	05	06	07	**08**	09	10	11	12	13	14	**15**	16	17	18	19	**20**	21	**22**	23	24	25	26	27	28	**29**	30

anotações

06h	
07h	
08h	
09h	
10h	
11h	
12h	
13h	
14h	
15h	
16h	
17h	
18h	
19h	
20h	

11

quarta

NOVEMBRO

- Fim da Primeira Guerra Mundial (1918)

André Luiz narra que, no plano espiritual, ouviu uma melodia suave. Ao se aproximar, viu um coro de crianças felizes cantando em meio a paisagens deslumbrantes.

Estava no Lar da Bênção, um refúgio para espíritos que desencarnaram na infância e uma escola preparatória para futuras mães.

Ali, algumas crianças recebiam a visita de suas mães encarnadas, que, durante o sono físico, eram conduzidas até elas.

Rodrigues de Camargo **com base no livro de** *André Luiz* **(Chico Xavier) -** *Entre a Terra e o céu* **- FEB**

12
quinta
NOVEMBRO

- Dia do Diretor da Escola

06h
07h
08h
09h
10h
11h
12h
13h
14h
15h
16h
17h
18h
19h
20h

D	S	T	Q	Q	S	S	D	S	T	Q	Q	S	S	D	S	T	Q	Q	S	S	D	S	T	Q	Q	S	S	D	S
01	**02**	03	04	05	06	07	**08**	**09**	10	11	12	13	14	**15**	16	17	18	19	**20**	21	**22**	23	24	25	26	27	28	**29**	30

anotações

13

sexta

NOVEMBRO

06h
07h
08h
09h
10h
11h
12h
13h
14h
15h
16h
17h
18h
19h
20h

Todo Dia 26

A pressão moral exercida pela prática do bem, sobre a Humanidade, é tal que, por mais materializada que esta seja, inclina-se sempre, venera o bem, a despeito da sua tendência para o mal.
Szymel Slizgol – O Céu e o Inferno – Allan Kardec

Se quiséssemos ser apenas felizes, isso não seria difícil. Mas como queremos ficar mais felizes do que os outros, é difícil, porque achamos os outros mais felizes do que realmente são.
Barão de Montesquieu

14
sábado
NOVEMBRO

- 08h
- 09h
- 10h
- 11h
- 12h
- 13h
- 14h
- 15h
- 16h
- 17h
- 18h
- 19h
- 20h

15
domingo
NOVEMBRO

- Dia da Proclamação da República
- Dia Nacional da Umbanda

- 08h
- 09h
- 10h
- 11h
- 12h
- 13h
- 14h
- 15h

D	S	T	Q	Q	S	S	D	S	T	Q	Q	S	S	D	S	T	Q	Q	S	S	D	S	T	Q	Q	S	S	D	S
01	**02**	03	04	05	06	07	**08**	**09**	10	11	12	13	14	**15**	16	17	18	19	**20**	21	**22**	23	24	25	26	27	28	**29**	30

anotações

16
segunda
NOVEMBRO

- Dia Internacional da Tolerância
- Dia do Não Fumar

```
06h  _____
07h  _____
08h  _____
09h  _____
10h  _____
11h  _____
12h  _____
13h  _____
14h  _____
15h  _____
16h  _____
17h  _____
18h  _____
19h  _____
20h  _____
```

Os monstros existem. Os fantasmas também. Eles vivem dentro de nós e às vezes eles ganham.
Stephen King

Tanto quanto lhe seja possível, evite os abusos do fumo. Infunde pena a angústia dos desencarnados amantes da nicotina.
Irmão X **(Chico Xavier) – Cartas e crônicas – FEB**

Onde há trabalho, existe compreensão.
Onde existe compreensão, há tolerância.
Onde há tolerância, existe cooperação.
Onde existe cooperação, existe humildade.
Onde existe amor, abre-se o caminho para Deus.
Emmanuel **(Chico Xavier) – Perdão e vida – CEU**

17
terça
NOVEMBRO

06h
07h
08h
09h
10h
11h
12h
13h
14h
15h
16h
17h
18h
19h
20h

D	S	T	Q	Q	S	S	D	S	T	Q	Q	S	S	D	S	T	Q	Q	S	S	D	S	T	Q	Q	S	S	D	S
01	**02**	03	04	05	06	07	**08**	**09**	10	11	12	13	14	**15**	16	17	18	19	**20**	21	**22**	23	24	25	26	27	28	**29**	30

anotações

18

quarta
NOVEMBRO

- Dia Nacional de Combate ao Racismo
- Dia do Conselheiro Tutelar

06h	
07h	
08h	
09h	
10h	
11h	
12h	
13h	
14h	
15h	
16h	
17h	
18h	
19h	
20h	

Todo Dia 26

Ninguém nasce odiando outra pessoa devido à cor da sua pele, ao seu passado ou religião. As pessoas aprendem a odiar, e, se o podem fazer, também podem ser ensinadas a amar, porque o amor é mais natural no coração humano do que o seu oposto.

Nelson Mandela

Conselheiro Tutelar, destacamos a importância desses profissionais na defesa dos direitos das crianças e adolescentes, seu trabalho garante proteção, escuta e respeito. Nosso reconhecimento a todos que dedicam suas vidas a essa missão!

Letícia Fernandes

19
quinta
NOVEMBRO

- Dia da Bandeira

08h
09h
10h
11h
12h
13h
14h
15h
16h
17h
18h
19h
20h

20
sexta
NOVEMBRO

- Dia Nacional da Consciência Negra

08h
09h
10h
11h
12h
13h
14h
15h

D	S	T	Q	Q	S	S	D	S	T	Q	Q	S	S	D	S	T	Q	Q	S	S	D	S	T	Q	Q	S	S	D	S
01	**02**	03	04	05	06	07	**08**	09	10	11	12	13	14	**15**	16	17	18	19	**20**	21	**22**	23	24	25	26	27	28	**29**	30

anotações

21 sábado
NOVEMBRO

- Dia Mundial da Saudação

| 08h |
| 09h |
| 10h |
| 11h |
| 12h |
| 13h |
| 14h |
| 15h |
| 16h |
| 17h |
| 18h |
| 19h |
| 20h |

22 domingo
NOVEMBRO

- Dia do Músico

| 08h |
| 09h |
| 10h |
| 11h |
| 12h |
| 13h |
| 14h |
| 15h |

Façamos, pois, cada dia, / Bendita e nova cruzada, / Oferecendo ao Senhor / Nossa vida transformada.
***Casimiro Cunha* (Chico Xavier) – Gotas de luz – FEB**

Das grandes irmãs do Amor / A que nunca chega em vão / É aquela que se conhece / Por nome de Compaixão.
***Meimei* (Chico Xavier) – Perdão e vida – CEU**

Alegria é cântico das horas com que Deus te afaga a passagem no mundo.

Em toda parte desabrocham flores por sorrisos da natureza e o vento penteia a cabeleira do campo com música de ninar.
***Meimei* (Chico Xavier) – Ideal espírita – CEC**

Todo Dia 26

23

segunda

NOVEMBRO

- 06h
- 07h
- 08h
- 09h
- 10h
- 11h
- 12h
- 13h
- 14h
- 15h
- 16h
- 17h
- 18h
- 19h
- 20h

D S T Q Q S S **D S** T Q Q S S **D** S T Q Q **S** S **D** S T Q Q S S **D** S
01 02 03 04 05 06 07 **08** 09 10 11 12 13 14 **15** 16 17 18 19 **20** 21 **22** 23 24 25 26 27 28 **29** 30

anotações

24

terça
NOVEMBRO

06h	
07h	
08h	
09h	
10h	
11h	
12h	
13h	
14h	
15h	
16h	
17h	
18h	
19h	
20h	

Doar sangue não muda seu peso, não vicia e faz bem à consciência. O processo é seguro, com materiais descartáveis e acompanhamento profissional.

Na entrevista, responda com sinceridade – o sangue seguro começa com o doador. Cada doação, de até 450ml, salva vidas, pois não há substituto para esse bem precioso que transporta oxigênio, combate infecções e ajuda na coagulação.

Faça a diferença!

Seja um doador voluntário de sangue

25

quarta

NOVEMBRO

- Dia do Doador Voluntário de Sangue

06h
07h
08h
09h
10h
11h
12h
13h
14h
15h
16h
17h
18h
19h
20h

D	S	T	Q	Q	S	S	D	S	T	Q	Q	S	S	D	S	T	Q	Q	S	S	D	S	T	Q	Q	S	S	D	S
01	**02**	03	04	05	06	07	**08**	**09**	10	11	12	13	14	**15**	16	17	18	19	**20**	21	**22**	23	24	25	26	27	28	**29**	30

anotações

26

quinta

NOVEMBRO

- Dia Mundial de Ação de Graças

A necessidade de ensinar a viver

Levantam-se educandários em toda a Terra.

Estabelecimentos para a instrução primária, universidades para o ensino superior. Ao lado, porém, das instituições que visam à especialização profissional e científica, na atualidade, encontramos no templo espírita a escola da alma, ensinando a viver.

Emmanuel **(Chico Xavier) – Estude e viva – FEB**

E sereis aborrecidos por todos por amor do meu nome; mas quem perseverar até o fim, esse será salvo.

***Jesus* (Marcos 13:13)**

27
sexta
NOVEMBRO

	06h
	07h
	08h
	09h
	10h
	11h
	12h
	13h
	14h
	15h
	16h
	17h
	18h
	19h
	20h

D S T Q Q S S **D S** T Q Q S S **D** S T Q Q **S** S **D** S T Q Q S S **D** S
01 02 03 04 05 06 07 **08** 09 10 11 12 13 14 **15** 16 17 18 19 **20** 21 **22** 23 24 25 26 27 28 **29** 30

anotações

28 — sábado, NOVEMBRO

- 08h
- 09h
- 10h
- 11h
- 12h
- 13h
- 14h
- 15h
- 16h
- 17h
- 18h
- 19h
- 20h

29 — domingo, NOVEMBRO

- 08h
- 09h
- 10h
- 11h
- 12h
- 13h
- 14h
- 15h

Perseverai em oração, velando nela, com ação de graças.
Paulo **(Colossenses 4:2)**

A morte é simples mudança de veste, somos o que somos. Depois do sepulcro, não encontramos senão o paraíso ou o inferno criados por nós mesmos.
Chico Xavier

Irmãos, se algum de entre vós se tem desviado da verdade, e alguém o converter, saiba que aquele que fizer converter do erro do seu caminho um pecador salvará da morte uma alma e cobrirá uma multidão de pecados.
Tiago **5:19-20**

30
segunda
NOVEMBRO

06h
07h
08h
09h
10h
11h
12h
13h
14h
15h
16h
17h
18h
19h
20h

D	S	T	Q	Q	S	S	D	S	T	Q	Q	S	S	D	S	T	Q	Q	S	S	D	S	T	Q	Q	S	S	D	S
01	02	03	04	05	06	07	08	09	10	11	12	13	14	15	16	17	18	19	20	21	22	23	24	25	26	27	28	29	30

anotações

DEIXEM-ME ENVELHECER

Deixem-me envelhecer sem compromissos, sem cobranças.
Sem a obrigação de parecer jovem e ser bonita para alguém.
Quero ao meu lado quem me entenda e me ame como eu sou.
Um amor para dividir tropeços desta nossa última jornada.
Quero envelhecer com dignidade, com sabedoria e esperança.
Amar minha vida, agradecer pelos dias que ainda me restam.
Eu não quero perder o meu tempo precioso com aventuras.
Paixões perniciosas que nada acrescentam e nada valem.
Deixem-me envelhecer com sanidade e discernimento.
Com a certeza que cumpri meus deveres e minha missão.
Quero aproveitar essa paz merecida para descansar e refletir.
Ter amigos para compartilhar experiências, conhecimentos.
Quero envelhecer sem temer as rugas e meus cabelos brancos.
Sem frustrações, terminar a etapa final desta minha existência.
Não quero me deixar levar por aparências e vaidades bobas.
Nem me envolver com relações que vão me fazer infeliz.
Deixem-me envelhecer, aceitar a velhice com suas mazelas.
Ter a certeza que minha luta não foi em vão: teve um sentido.
Quero envelhecer sem temer a morte e ter medo da despedida.
Acreditar que a velhice é o retorno de uma viagem, não é o fim.
Não quero ser um exemplo, quero dar um sentido ao meu viver.
Ter serenidade, um sono tranquilo e andar de cabeça erguida.
Fazer somente o que eu gosto, com a sensação de liberdade.
Quero saber envelhecer, ser uma velha consciente e feliz.

Concita Weber – *O topo da montanha* – *Editora Biblioteca 24horas*

SAUDADE

Notas Espirituais

A saudade no meu peito
É uma dor chorando em mim,
Doendo com muito jeito
Remédio não lhe dá fim.

Saudade! Por defini-la,
Meu cérebro se incendeia.
Saudade algema de luz,
Amor que nos encadeia.

Uma pérola luzente
Fulgurando em justo brilho –
Eis a lágrima silente
Que chora a mãe pelo filho.

Saudades de minha mãe…
Uma tristeza sem fim.
A lágrima que não cessa
De verter dentro de mim.

Adeus!… Abanas o lenço
Na hora da despedida.
Mas nunca existiu adeus
Para quem ama na vida.

Felicidade… Em dez letras
Todo um mundo de ambição.
Saudade… Em só sete letras
Tanta dor no coração.

Ninguém diga que a saudade
Dói menos em quem partiu.
Lágrima estranha e sentida
É aquela que ninguém viu.

**Casimiro Cunha (Chico Xavier) –
Parnaso de além-túmulo – FEB**

UM NATAL DIFERENTE

Ainda que clima belicista
Espalhe ao redor do mundo apreensão
E o rufar dos tambores anunciem a guerra
Levando a destruição e o temor,
Na submissão inconcebível da dor,
Eis que surge, do céu estrelado
O eterno convite à renovação.

Por verdadeiro encanto,
A Terra se enfeita.
Em suas ruas ressurge a esperança
E, no semblante alegre da criança,
Expectativas reavivam desejos.

Diferenças são esquecidas,
Apresentam-se bálsamos às feridas,
E um sentimento estranho se instala
Silenciosamente no coração,
À procura de reconciliação.

É tempo de fazer diferente...

Saia, Alma irmã, do comodismo,
Visite a necessidade,
Abrace a cativante caridade,
Seja você, para alguém, a própria felicidade.
E sinta a companhia de Jesus a trazer-te paz e luz.

Neste Natal, seja doador.
Onde existe amor,
Compreenderás que mesmo o mal,
Com toda sua indiferença, transformar-se-á,
Diante do convite para o Reino da realização.
Seja portador,
Da possibilidade da transformação,
De um lugar melhor de se viver e aprender,
Conviver e reviver.

Maria Dolores (Luiz Fernando)
– **Ensaio de gratidão** – **EME**

DEZEMBRO *Todo Dia* 2026

DEZEMBRO 2026

ANOTAÇÕES IMPORTANTES | viagens | cursos | reuniões | aniversários | provas | trabalhos | contas

1. _____
2. _____
3. _____
4. _____
5. _____
6. _____
7. _____
8. _____
9. _____
10. _____
11. _____
12. _____
13. _____
14. _____
15. _____
16. _____
17. _____
18. _____
19. _____
20. _____
21. _____
22. _____
23. _____
24. _____
25. _____
26. _____
27. _____
28. _____
29. _____
30. _____
31. _____

01
terça
DEZEMBRO

- Dia Internacional da Luta contra AIDS

6h
7h
8h
9h
10h
11h
12h
13h
14h
15h
16h
17h
18h
19h
20h

São significativos os avanços que a ciência e a tecnologia trouxeram para o combate ao HIV. Conhecer a sorologia positiva de forma precoce aumenta muito a expectativa e a qualidade de vida de uma pessoa que vive com o vírus. O tratamento antirretroviral é garantido para todos, por meio do Sistema Único de Saúde (SUS), mas mesmo assim, entre 2011 e 2021, mais de 52 mil jovens de 15 a 24 anos com HIV evoluíram para a síndrome da imunodeficiência adquirida (aids).

Os dados são do Ministério da Saúde

02
quarta
DEZEMBRO

06	
07	
08	
09	
10	
11	
12	
13	
14	
15	
16	
17	
18	
19	
20	

T Q Q S S **D** S T Q Q S S **D** S T Q Q S S **D** S T Q Q **S** S **D** S T Q Q
01 02 03 04 05 **06** 07 08 09 10 11 12 **13** 14 15 16 17 18 19 **20** 21 22 23 24 **25** 26 **27** 28 29 30 31

03
quinta
DEZEMBRO

- Dia Internacional da Pessoa com Deficiência
- Dia do Delegado de Polícia

06h
07h
08h
09h
10h
11h
12h
13h
14h
15h
16h
17h
18h
19h
20h

Recolhe, de graça, a água pura, os princípios solares e os recursos nutrientes da atmosfera; entretanto, é preciso suar e sofrer em busca da proteína e do carboidrato que lhe assegurem a euforia orgânica

Cativo, embora, às injunções do plano de obscura matéria em que transitoriamente respira, pode, porém, desde a Terra, fruir a ventura do serviço voluntário aos semelhantes todo aquele que descerre o espelho da própria alma aos reflexos da Esfera Divina.

Emmanuel **(Chico Xavier)**
– Pensamento e vida – FEB

04
sexta
DEZEMBRO

06h
07h
08h
09h
10h
11h
12h
13h
14h
15h
16h
17h
18h
19h
20h

T	Q	Q	S	S	**D**	S	T	Q	Q	S	S	**D**	S	T	Q	Q	S	S	**D**	S	T	Q	Q	**S**	S	**D**	S	T	Q	Q
01	02	03	04	05	**06**	07	08	09	10	11	12	**13**	14	15	16	17	18	19	**20**	21	22	23	24	**25**	26	**27**	28	29	30	31

anotações

05 sábado
DEZEMBRO

- Dia Internacional do Voluntário

08h	
09h	
10h	
11h	
12h	
13h	
14h	
15h	
16h	
17h	
18h	
19h	
20h	

06 domingo
DEZEMBRO

08h	
09h	
10h	
11h	
12h	
13h	
14h	
15h	

Lixo e o suicídio

O catador de lixo e o voluntário do CVV guardam afinidades importantes. Em primeiro lugar, ambos desafiam o tabu de lidar com assuntos que a sociedade abomina ou despreza. Seguem na contramão do senso comum, desafiam a cultura dominante, lidam com o preconceito.

André Trigueiro

Cada mente encarnada constitui extenso núcleo de governo espiritual, subordinado agora a justas limitações, servido por várias potências, traduzidas nos sentidos e percepções.

***Emmanuel* (Chico Xavier) – Pão nosso – FEB**

07
segunda
DEZEMBRO

06h
07h
08h
09h
10h
11h
12h
13h
14h
15h
16h
17h
18h
19h
20h

T	Q	Q	S	S	**D**	S	T	Q	Q	S	S	**D**	S	T	Q	Q	S	S	**D**	S	T	Q	Q	**S**	S	**D**	S	T	Q	Q
01	02	03	04	05	**06**	07	08	09	10	11	12	**13**	14	15	16	17	18	19	**20**	21	22	23	24	**25**	26	**27**	28	29	30	31

anotações

08

terça
DEZEMBRO

- Dia da Família
- Dia da Justiça

06h
07h
08h
09h
10h
11h
12h
13h
14h
15h
16h
17h
18h
19h
20h

Destaque-se aqui, a função importante da consciência, em que, segundo os espíritos, está gravada a Lei de Deus. O Altíssimo, como justiça soberana do Universo, não age por nós, mas através de nós, por meio de Suas leis imutáveis e eternas. Todas as vezes que entramos em dissonância com o Parâmetro divino, acarretam-se difíceis consequências.

José Lázaro Boberg – **Aprendendo com Nosso Lar – EME**

A pátria é a família ampliada.
Rui Barbosa

09
quarta
DEZEMBRO

06h
07h
08h
09h
10h
11h
12h
13h
14h
15h
16h
17h
18h
19h
20h

T	Q	Q	S	S	**D**	S	T	Q	Q	S	S	**D**	S	T	Q	Q	S	**S**	**D**	S	T	Q	Q	**S**	S	**D**	S	T	Q	Q
01	02	03	04	05	**06**	07	08	09	10	11	12	**13**	14	15	16	17	18	19	**20**	21	22	23	24	**25**	26	**27**	28	29	30	31

anotações

10
quinta
DEZEMBRO

- Dia da Declaração Universal dos Direitos Humanos

Para a necessidade diária existe a graça diária; para a necessidade inesperada existe a graça inesperada, e para uma necessidade esmagadora existe uma graça suprema.
Jooh Blanchard

A amizade desenvolve a felicidade e reduz o sofrimento, duplicando a nossa alegria e dividindo a nossa dor. A alegria de fazer o bem é a única felicidade verdadeira
Léon Tolstói

Não podemos esquecer que grandes ensinamentos do próprio Mestre foram ministrados no seio da família.
André Luiz **(Chico Xavier) – Missionários da luz – FEB**

11
sexta
DEZEMBRO

06h
07h
08h
09h
10h
11h
12h
13h
14h
15h
16h
17h
18h
19h
20h

12 sábado DEZEMBRO

- 08h
- 09h
- 10h
- 11h
- 12h
- 13h
- 14h
- 15h
- 16h
- 17h
- 18h
- 19h
- 20h

13 domingo DEZEMBRO

- 08h
- 09h
- 10h
- 11h
- 12h
- 13h
- 14h
- 15h

Eu, porém, vos digo: Amai a vossos inimigos, bendizei os que vos maldizem, fazei bem aos que vos odeiam, e orai pelos que vos maltratam e vos perseguem; para que sejais filhos do vosso Pai que está nos céus.
Jesus (Mateus 6:44)

... é preciso fazer o bem no limite de suas forças; pois cada um responderá por todo o mal que haja resultado de não haver praticado o bem.
Allan Kardec
– O Livro dos Espíritos – EME

14
segunda
DEZEMBRO

- Dia Nacional do Ministério Público
- Dia Nacional de Combate à Pobreza

06h	
07h	
08h	
09h	
10h	
11h	
12h	
13h	
14h	
15h	
16h	
17h	
18h	
19h	
20h	

T	Q	Q	S	S	**D**	S	T	Q	Q	S	S	**D**	S	T	Q	Q	S	S	**D**	S	T	Q	Q	**S**	S	**D**	S	T	Q	Q
01	02	03	04	05	**06**	07	08	09	10	11	12	**13**	14	15	16	17	18	19	**20**	21	22	23	24	**25**	26	**27**	28	29	30	31

anotações

15
terça
DEZEMBRO

| 06h |
| 07h |
| 08h |
| 09h |
| 10h |
| 11h |
| 12h |
| 13h |
| 14h |
| 15h |
| 16h |
| 17h |
| 18h |
| 19h |
| 20h |

O cão é a virtude que, não podendo fazer-se homem, se fez animal.
Victor Hugo

Liberdade é o direito de fazer tudo o que as leis permitem.
Barão de Montesquieu

A lei de causa e efeito ensinada por Jesus é a demonstração da sabedoria e justiça do poder de Deus sobre todos os espíritos: "a cada um segundo suas obras". Desta forma entendemos que todos são livres para fazer suas escolhas, mas não são livres para escolher as consequências.
Rodrigues de Camargo

16
quarta
DEZEMBRO

17

quinta
DEZEMBRO

06h
07h
08h
09h
10h
11h
12h
13h
14h
15h
16h
17h
18h
19h
20h

... Cada espécie de seres, do cristal até o homem, e do homem até o anjo, abrange inumeráveis famílias de criaturas, operando em determinada frequência do Universo. E o amor divino alcança-nos a todos, à maneira do Sol que abraça os sábios e os vermes.

Todavia, quem avança demora-se em ligação com quem se localiza na esfera próxima.

André Luiz (Chico Xavier) – **Libertação – FEB**

É possível mudar nossas vidas e a atitude daqueles que nos cercam simplesmente mudando a nós mesmos.

Rudolf Dreikurs

18
sexta
DEZEMBRO

	06h
	07h
	08h
	09h
	10h
	11h
	12h
	13h
	14h
	15h
	16h
	17h
	18h
	19h
	20h

T Q Q S S **D** S T Q Q S S **D** S T Q Q S S **D** S T Q Q **S** S **D** S T Q Q
01 02 03 04 05 **06** 07 08 09 10 11 12 **13** 14 15 16 17 18 19 **20** 21 22 23 24 **25** 26 **27** 28 29 30 31

anotações

08h	
09h	
10h	
11h	
12h	
13h	
14h	
15h	
16h	
17h	
18h	
19h	
20h	

19
sábado
DEZEMBRO

08h	
09h	
10h	
11h	
12h	
13h	
14h	
15h	

20
domingo
DEZEMBRO

Esse herói da simplicidade tem o nome de Jesus Cristo.

Seu poder cresce com os séculos e a sua mensagem, ainda hoje quanto sempre, é a esperança dos povos e a luz das nações.
André Luiz **(Chico Xavier) – Seara de fé – IDE**

Devemos aceitar a decepção, que é finita, mas não podemos perder a esperança, que é infinita.
Martin Luther King

21
segunda
DEZEMBRO

• Início do Verão

06h
07h
08h
09h
10h
11h
12h
13h
14h
15h
16h
17h
18h
19h
20h

T Q Q S S **D** S T Q Q S S **D** S T Q Q S S **D** S T Q Q **S** S **D** S T Q Q
01 02 03 04 05 **06** 07 08 09 10 11 12 **13** 14 15 16 17 18 19 **20** 21 22 23 24 **25** 26 **27** 28 29 30 31

anotações

06h	**22**
07h	**terça**
08h	DEZEMBRO
09h	
10h	
11h	
12h	
13h	
14h	
15h	
16h	
17h	
18h	
19h	
20h	

Era ele tão simples que nasceu sem a proteção das paredes domésticas.

Não encontrou senão alguns homens iletrados e rudes que lhe apoiaram o trabalho na construção da obra imensa.

Ensinava a revelação do Céu, nas praias e nos campos, quando não estivesse em casas e barcos emprestados.

Conversou com mulheres anônimas e algumas crianças esquecidas.

Todos os infelizes se lhe fizeram a grande família...

***André Luiz* (Chico Xavier) – Seara de fé – IDE**

23
quarta
DEZEMBRO

- Dia do Vizinho

06h
07h
08h
09h
10h
11h
12h
13h
14h
15h
16h
17h
18h
19h
20h

T	Q	Q	S	S	**D**	S	T	Q	Q	S	S	**D**	S	T	Q	Q	S	S	**D**	S	T	Q	Q	**S**	S	**D**	S	T	Q	Q
01	02	03	04	05	**06**	07	08	09	10	11	12	**13**	14	15	16	17	18	19	**20**	21	22	23	24	**25**	26	**27**	28	29	30	31

anotações

24 quinta
DEZEMBRO

- 08h
- 09h
- 10h
- 11h
- 12h
- 13h
- 14h
- 15h
- 16h
- 17h
- 18h
- 19h
- 20h

25 sexta
DEZEMBRO

• Natal

- 08h
- 09h
- 10h
- 11h
- 12h
- 13h
- 14h
- 15h

Natal é sentir a presença de Jesus e dos amigos espirituais em cada gesto e pensamento.

É a luz divina a nos guiar, abrindo portas para o bem e lembrando que nunca estamos sós.

O verdadeiro céu nasce em nós, sempre que espalhamos amor e esperança.

Rodrigues de Camargo

O Natal é um tempo de benevolência, perdão, generosidade e alegria. A única época que conheço, no calendário do ano, em que homens e mulheres parecem, de comum acordo, abrir livremente seus corações.

Charles Dickens

26
sábado
DEZEMBRO

08h
09h
10h
11h
12h
13h
14h
15h
16h
17h
18h
19h
20h

27
domingo
DEZEMBRO

08h
09h
10h
11h
12h
13h
14h
15h

T	Q	Q	S	S	**D**	S	T	Q	Q	S	S	**D**	S	T	Q	Q	S	S	**D**	S	T	Q	Q	**S**	S	**D**	S	T	Q	Q
01	02	03	04	05	**06**	07	08	09	10	11	12	**13**	14	15	16	17	18	19	**20**	21	22	23	24	**25**	26	**27**	28	29	30	31

anotações

28

segunda
DEZEMBRO

06h	
07h	
08h	
09h	
10h	
11h	
12h	
13h	
14h	
15h	
16h	
17h	
18h	
19h	
20h	

Quando Herodes viu Jesus ficou muito alegre, porque havia muito tempo queria vê-lo. Pelo que ouvira falar dele, esperava vê-lo realizar algum milagre.

Interrogou-o com muitas perguntas, mas Jesus não lhe deu resposta.

Lucas **24:8-9**

Sugestões de presente para o Natal: Para seu inimigo, perdão. Para um oponente, tolerância. Para um amigo, seu coração. Para um cliente, serviço. Para tudo, caridade. Para toda criança, um exemplo bom. Para você, respeito.

Oren Arnold

29
terça
DEZEMBRO

06h
07h
08h
09h
10h
11h
12h
13h
14h
15h
16h
17h
18h
19h
20h

T Q Q S S **D** S T Q Q S S **D** S T Q Q S S **D** S T Q Q **S** S **D** S T Q Q
01 02 03 04 05 **06** 07 08 09 10 11 12 **13** 14 15 16 17 18 19 **20** 21 22 23 24 **25** 26 **27** 28 29 30 31

anotações

30
quarta
DEZEMBRO

| 06h |
| 07h |
| 08h |
| 09h |
| 10h |
| 11h |
| 12h |
| 13h |
| 14h |
| 15h |
| 16h |
| 17h |
| 18h |
| 19h |
| 20h |

Marchando com o progresso, o espiritismo jamais será ultrapassado, porque, se novas descobertas demonstrarem que ele se encontra em erro em um determinado ponto, ele se modificará com relação a tal ponto; se uma nova verdade se revelar, ele a aceitará.

Allan Kardec – **A Gênese – Cap. I – item 55 - EME**

Tempera a conversação com o fermento da esperança e da alegria...

Quando a lembrança do passado não contenha mais valores reais, olvida o que já se foi, usando o presente na edificação do futuro melhor...

Emmanuel **(Chico Xavier) – Caminho iluminado – CEU**

31

quinta

DEZEMBRO

	06h
	07h
	08h
	09h
	10h
	11h
	12h
	13h
	14h
	15h
	16h
	17h
	18h
	19h
	20h

T Q Q S S **D** S T Q Q S S **D** S T Q Q S S **D** S T Q Q **S** S **D** S T Q Q
01 02 03 04 05 **06** 07 08 09 10 11 12 **13** 14 15 16 17 18 19 **20** 21 22 23 24 **25** 26 **27** 28 29 30 31

anotações

O CORDEIRO E O PUNHAL

Ao longe, dava para ouvir um triste canto de ave noturna, no quase escuro da noite, que começava a chegar.

A biquinha ficava na parte mais baixa da gleba, chamada pastinho, e seu olho d'água escorria de um cano fincado em pequena parede, fazendo transbordar um tanque e seguindo serpenteando, em gravidade, em direção à rua de terra batida.

Uma pequena horta circundava a nascente e era toda cercada, para impedir eventuais incursões das poedeiras, carijós e vermelhas, e de outros bichos criados soltos entre arvoredos, terreiros e primitivas construções, sobre um tapete de folhas caídas.

Entre o pastinho e o chiqueiro, quase tocava o céu um enorme jaracatiá, de tronco grosso e recoberto de espinhos, enfeitado lá em cima por cachos desabrochados de uma espécie de paina, cuja alvura lhe outorgava ares encanecidos de espécie anciã.

Para a manhã seguinte daquele meio de semana, meu "nonno" havia programado sacrificar um cordeiro, seguindo à risca antigo ritual, semelhante à execução consumada em requintes de crueldade.

O brilho intenso das estrelas espalhava manchas brancas no céu, contrastando com o negrume da noite postada, convocando grilos e vaga-lumes para um balé coreografado entre árvores, ao embalo de coaxares e cricrilares, que compunham o cenário e a trilha sonora do sono, que já se impunha aos corpos cansados.

Notas Espirituais

Logo ao amanhecer, o cordeiro escolhido foi emboscado, tendo as patas traseiras firmemente amarradas, para facilitar que fosse dependurado num galho, de ponta cabeça, até a hora do martírio final.

Após a caneca de café com leite, o pedaço de pão amanhecido e a fatia de polenta, assada em chapa de fogão a lenha, o "nonno" afiou numa pedra guardada a fina lâmina de um punhal, arregaçou as mangas da camisa, ajeitou o chapéu, cuspiu para o lado o toco de cigarro de palha, que fazia rolar de um canto ao outro da boca e se aproximou decisivo, da presa, que se agitava em esgares de estertor e pavor, pressentindo o instante fatal.

Pequena e curiosa plateia aguardava o esguicho do sangue, pela fenda a ser aberta na jugular.

Foi quando dos olhos do pobre cordeiro escorreram lágrimas de desespero, fazendo frustrar a consumação da degola.

Por um átimo, meu "nonno" estancou, afagou com a mão a cabeça do condenado, olhou para o céu de um sol recém-apontado, e ordenou a sua soltura, ensejando a que desabasse de encontro ao chão e, aos pulos, desaparecesse por entre a vegetação.

Bem próximo dali, ouviam-se grunhidos entrecortando a respiração escandalosa de porcos, segregados no chiqueiro da pequena propriedade, ex-sentenciados ao mesmo fim.

A partir desse dia, nunca mais se viu função alguma ser outorgada à lâmina fina e afiada daquele punhal.

Estava chegando mais um dia de Natal.

Ariovaldo Cavarzan – **Pipas na parede – EME**

NOME	ENDEREÇO	FONE	CELULAR	E-MAIL

NOME | CELULAR | REDES SOCIAIS

👤
📞　　　　　　　　　🟢
f
📷

👤
📞　　　　　　　　　🟢
f
📷

👤
📞　　　　　　　　　🟢
f
📷

👤
📞　　　　　　　　　🟢
f
📷

👤
📞　　　　　　　　　🟢
f
📷

👤
📞　　　　　　　　　🟢
f
📷

NOME | CELULAR | REDES SOCIAIS

PRECE DE CÁRITAS

Deus, nosso Pai, que sois todo Poder e Bondade, dai a força àqueles que passam pela provação, dai a luz àquele que procura a verdade, ponde no coração do homem a compaixão e a caridade.

Deus! Dai ao viajor a estrela-guia, ao aflito a consolação, ao doente o repouso.

Pai! Dai ao culpado o arrependimento, ao espírito a verdade, à criança o guia, ao órfão o pai.

Senhor! Que vossa bondade se estenda sobre tudo que criastes.

Piedade, Senhor, para aqueles que vos não conhecem, esperança para aqueles que sofrem.

Que a vossa bondade permita aos espíritos consoladores derramarem por toda parte a paz, a esperança e a fé.

Deus! Um raio, uma faísca do vosso amor pode abrasar a Terra; deixai-nos beber nas fontes dessa bondade fecunda e infinita, e todas as lágrimas secarão, todas as dores se acalmarão.

Um só coração, um só pensamento subirá até vós, como um grito de reconhecimento e de amor.

Como Moisés sobre a montanha, nós vos esperamos com os braços abertos, oh! Bondade, oh! Poder, oh! Beleza, oh! Perfeição, e queremos de alguma sorte merecer a vossa misericórdia.

Deus! dai-nos a força de ajudar o progresso a fim de subirmos até vós; dai-nos a caridade pura, dai-nos a fé e a razão; dai-nos a simplicidade que fará das nossas almas o espelho onde se refletirá a Vossa Imagem.

Cáritas **(Madame W. Krell)**
Oração constante do livro *Mensagens de saúde*
***espiritual*, Wilson Garcia e diversos autores, Editora EME**